脳がどんどん若返る
漢字テスト

［監修］
諏訪東京理科大学教授
篠原菊紀

二見書房

本書の使い方

本書は、第1部「漢字の読み書き問題」と、第2部「漢字パズル問題」の2部構成になっています。

第1部 読み書き思い出し

漢字の読み書きや、意味を思い出して解くクイズ形式のトレーニングです。実際に手を動かして「書く」ことで脳トレ効果がアップします。

制限時間内に解くことを目指してください。時間を守ろうとすることで、脳がよく働きます。

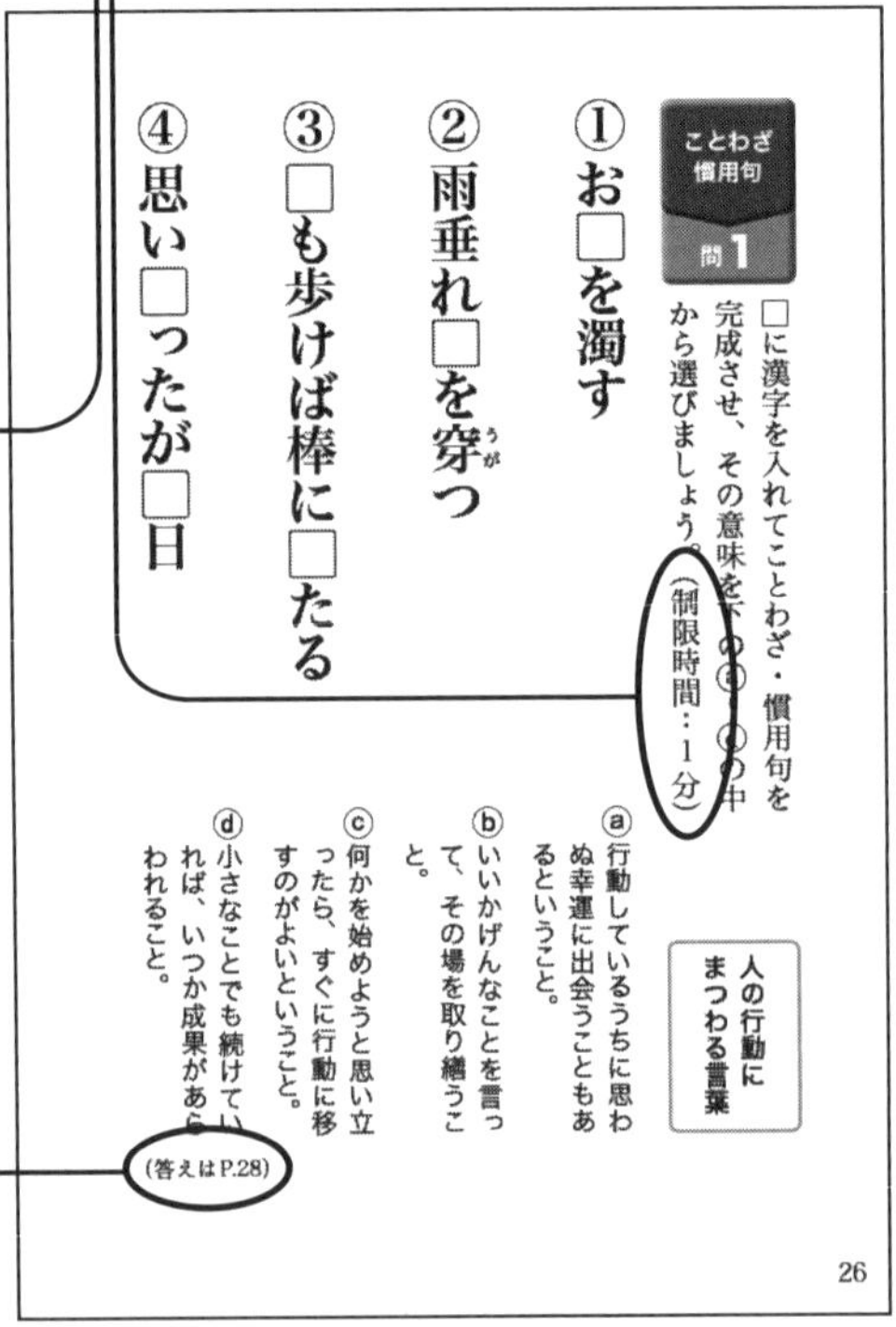

ことわざ 慣用句

問1

□に漢字を入れてことわざ・慣用句を完成させ、その意味を下のⓐ～ⓓの中から選びましょう。（制限時間：1分）

①お□を濁す

②雨垂れ□を穿《うが》つ

③□も歩けば棒に□たる

④思い□ったが□日

人の行動にまつわる言葉

ⓐ行動しているうちに思わぬ幸運に出会うこともあるということ。

ⓑいいかげんなことを言って、その場を取り繕うこと。

ⓒ何かを始めようと思い立ったら、すぐに行動に移すのがよいということ。

ⓓ小さなことでも続けていれば、いつか成果があらわれること。

（答えはP.28）

26

第2部 漢字パズル

さまざまなパズル問題にチャレンジして、脳を活性化させるトレーニングです。集中力、思い出す力、物事の判断能力に関わる空間認知力、日常生活に必須の脳の「メモ機能」力などが鍛えられます。

第2部の問題は、1・2とレベル分けされています。

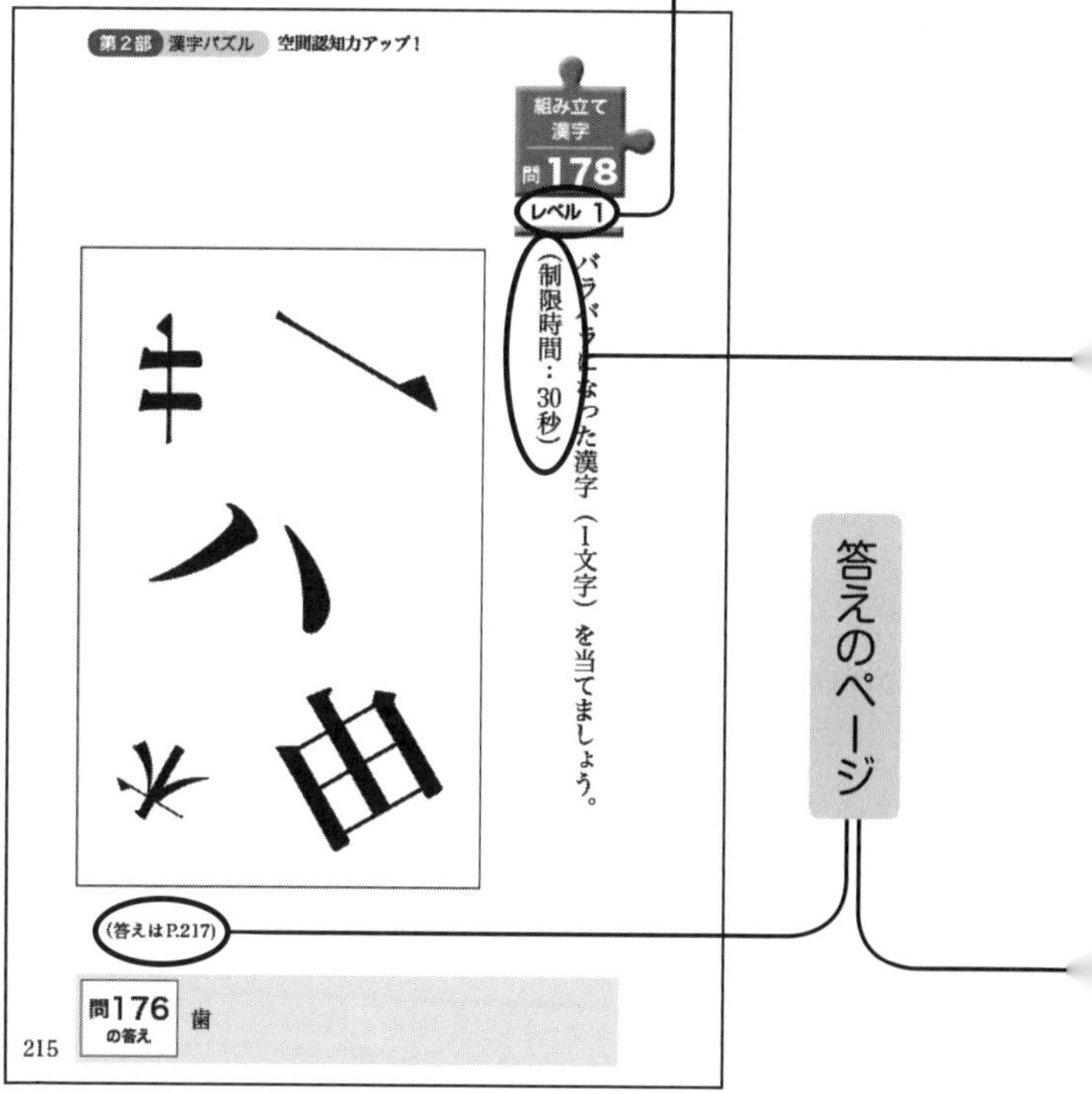

答えのページ

脳がどんどん若返る漢字テスト

もくじ

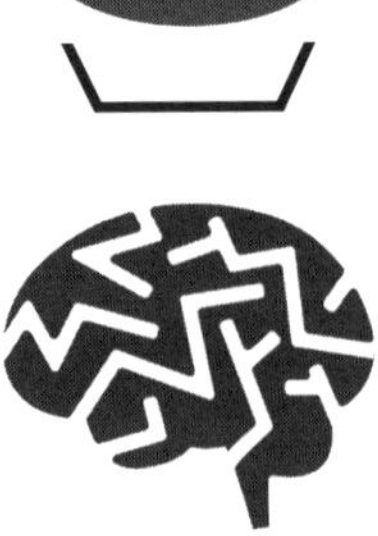

本書の使い方……2

脳年齢チェックテスト……9

チェックテスト解答……20

はじめに　漢字の読み書きで脳の若返りを！……21

第1部　読み書き思い出し

ことわざ慣用句（問1〜17）……26

漢字の読み書き（問18〜45）……43

四字熟語（問46〜77）……71

反意語（問78〜83）……103

同音異字語（問84〜問90）……109

同訓異字語（問91〜問96）……119

難読漢字（問97〜問102）……125

間違えやすい漢字（問103〜問110）……131

第2部 漢字パズル

〔集中力アップ！〕
同じ漢字探し（問111〜問126）……140
鏡文字間違い探し（問127〜問133）……158
〔想起力アップ！〕
並べかえ推理漢字（問134〜問146）……166
二字熟語クロス（問147〜問157）……180
漢字クロスワード（問158〜問159）……191

八つ手の二字熟語（問160～問169）……196
共通の部首探し（問170～問174）……206

（空間認知力アップ！）

組み立て漢字（問175～問190）……212
間違い漢字探し（問191～問193）……229
スポット漢字（問194～問202）……236

（脳の「メモ機能」力アップ！）

四字熟語記憶（問203～問207）……245

コラム

漢字学習は優れた脳トレーニング……157
漢字は手で書いて覚えよう……165
記憶力を高めるには情報の「入出力」が重要……179
「運動」はだいじな脳トレーニング……195
「家事」も立派な脳トレーニングに……211
難しい本を声に出して読んでみよう……228
睡眠と記憶の関係……235
9時間以内の記憶を保つには……255

- イラスト：くぼゆきお
- 本文デザイン：宮嶋まさ代、北原和洋
- 編集協力：パケット、用松美穂

[参考資料]『スーパー大辞林3.0』『明鏡国語辞典 第2版』『漢検 漢字辞典 第1版』『新明解四字熟語辞典 第2版』『共同通信社 記者ハンドブック 第12版』

＊本書は以上の資料を基に、高齢者が「解きやすい」「覚えやすい」と思われる表記と読みを編集部の判断で採用しました。

脳年齢チェックテスト

本編の漢字テストに入る前に、
あなたの脳年齢を
チェックしましょう！

脳年齢チェックテストのやり方

- 問題は全部で9問。10分弱のテストです。
- 問９以外は制限時間が設けられています。
- 机、時計、筆記用具とメモ用紙を用意してください。
- すべてのテストが終わったら、P.20で答え合わせをして採点します。
- 最後に、採点をもとに、あなたの脳年齢を計算します。

準備ができたら、いざ挑戦！

チェックテスト

問1

（制限時間30秒）

スーパーで買えるモノを思い出して、
できるだけたくさん書いてください。

チェックテスト 問2

（制限時間 20秒）

左のイラストの中に、ほかと違うものが一つあります。
①～④のうちどれですか？

①

②

③

④

チェックテスト
問3

（制限時間 30秒）

上の四角で囲まれた図と合わせると円になる図形は、①〜④のうちどれですか？

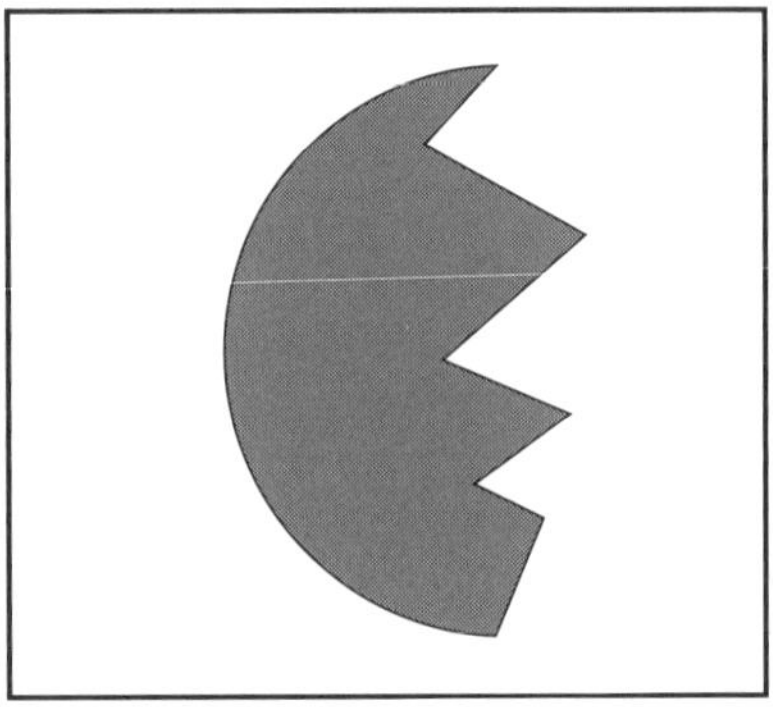

①

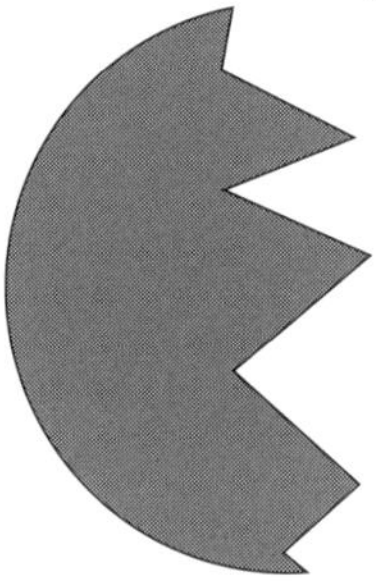

②

③

④

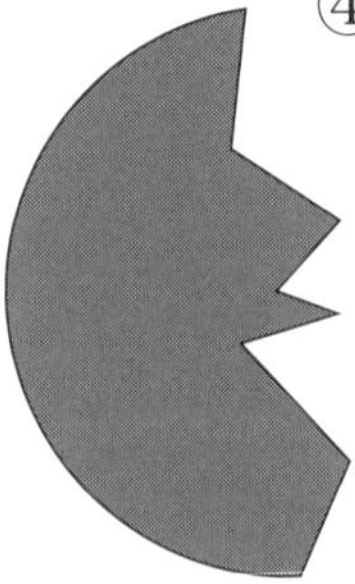

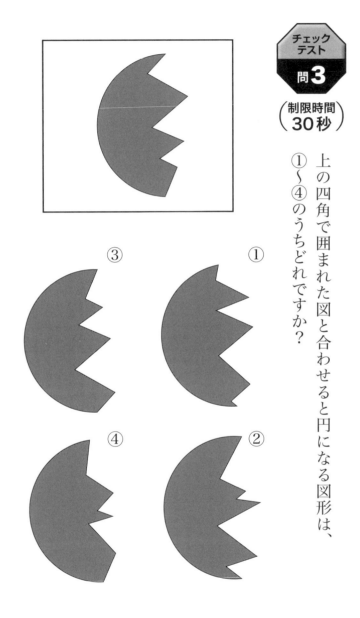

チェックテスト 問4

（制限時間 10秒）

次の四つの言葉を10秒間見て、覚えてください。

- ごりら
- たんす
- いちご
- でんしゃ

＊問題は、問8で出てきます。

チェックテスト
問5
（制限時間 90秒）

次の文章を読みながら、「い」の数をかぞえてください。漢字の読みの「い」も、見落とさないようにかぞえます。ただし、かぞえるときに「い」に印をつけないでください。

「わたくしは、先日助けていただいたかめでございます。きょうはちょっとそのお礼にまいりました」

　かめがこういったので、浦島はびっくりしました。

「まあ、そうかい。わざわざ礼なんぞいいにくるにはおよばないのに」

「でも、ほんとうにありがとうございました。ときに、浦島さん、あなたはりゅう宮をごらんになったことがありますか」

「いや、話にはきいているが、まだ見たことはないよ」

「ではほんのお礼のしるしに、わたくしがりゅう宮を見せてあげたいとおもいますがいかがでしょう」

「へえ、それはおもしろいね。ぜひ行ってみたいが、それはなんでも海の底にあるということではないか。どうして行くつもりだね。わたしにはとてもそこまでおよいでは行けないよ」

「なに、わけはございません。わたくしの背中におのりください」

チェックテスト
問6

（制限時間 30秒）

次のイラストを30秒間見て覚えたら、次のページへ進んでください。

（制限時間 60秒）

前のページのイラストと違うところが3か所あります。
それはどこでしょうか。

チェックテスト
問7

（制限時間 60秒）

次の三角形のどの辺を足しても「9」になるように、1～6の数字を○に入れてください。ただし、同じ数字は1回しか使えません。

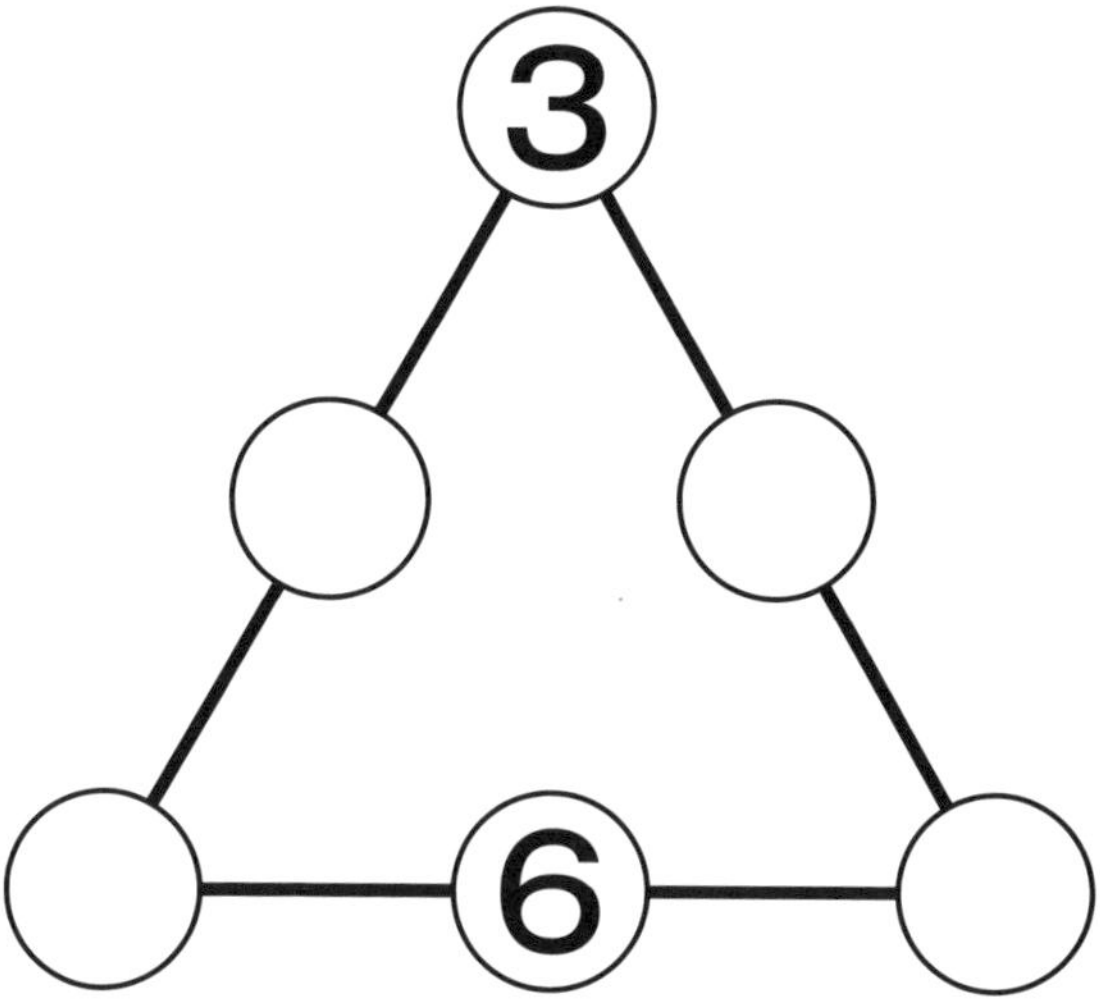

チェックテスト 問8

（制限時間30秒）

先ほどの問4で覚えた四つの言葉を書いてください。
いくつ覚えていますか？

チェックテスト

問9

①〜④の指示にしたがって、手の運動をしてみましょう。スムーズにできますか？

①→②→③

①机の上に手を乗せ、左右の手を同時に、リズミカルに前後に動かしましょう。

②左手はそのリズムのまま、右手をグーにして机を5回たたいてください。

③次に、左右を逆にして、②と同じ動作を5回やってください。

④①〜③の動作を、3回繰り返してください。

①

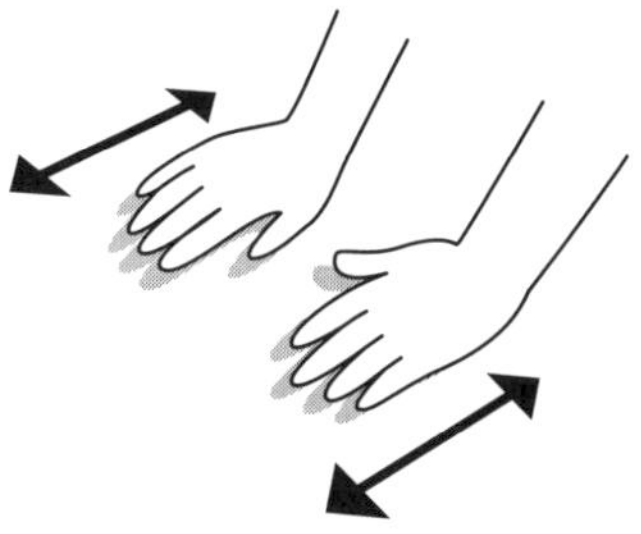

②

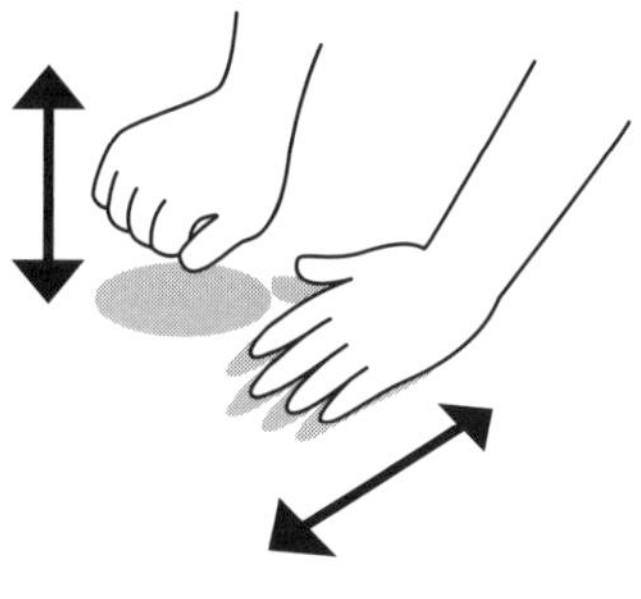

脳年齢の計算のしかた

チェックテスト
解答

100 − チェックテストの点数 = **脳年齢**

問	解答・配点	採点
問1	書いた個数×３点	点
問2	④　／３点	点
問3	③　／３点	点
問4	問題文のみのため配点なし	
問5	30個／5点（プラスマイナス3個以内の誤差は3点）	点
問6	女性がフォークで刺しているもの、網の上のウインナーの数、男性の服の色／各1点（計３点）	点
問7	次のどちらでも正解／3点 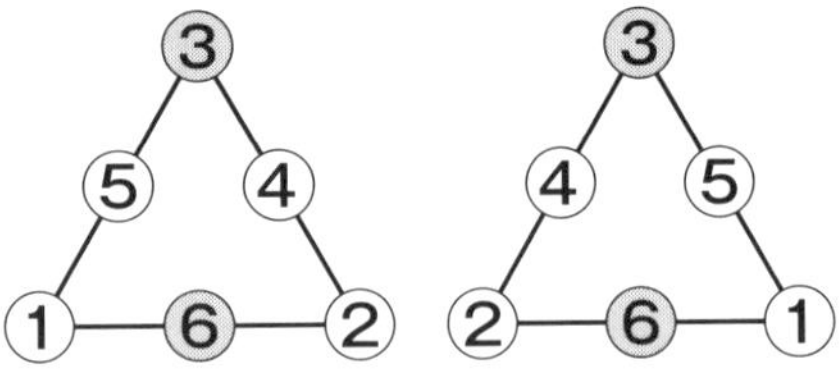	点
問8	書いた個数×5点	点
問9	●動作が楽にできた場合………3点 ●動作がなんとかできた場合…2点 ●動作ができなかった場合……0点	点

あなたの合計点数 □ 点

あなたの脳年齢は何歳でしょうか？

あなたの脳年齢 ＝ 100 − □ 点 ＝ □ 歳

はじめに

漢字の読み書きで脳の若返りを！

脳年齢チェックテストの結果はいかがでしたか？

テストの問１では、記憶したものを思い出す「想起力」を調べました。日常生活において「あれ、なんだったかな？　ここまで出てるのに……」ということがしょっちゅうあるような方は、この「想起力」が弱まっている可能性があります。

問２、３では物事の判断力にも大きく関わる「空間認知力」を、問５、６、７では物事に取り組むときに必要な「集中力」を調べました。何かとっさに判断するときに、脳の働きに柔軟性がなくて判断を誤ったり集中力がなかったりすると、思わぬ事故に遭遇してしまうこともあります。

さらに、問4と8では、一度脳にメモしたことを取り出す「ワーキングメモリ（脳のメモ機能）」を調べました。このワーキングメモリは、残念ながら加齢とともに能力の低下が特に目立つものです。

そもそも、なぜ脳トレーニングが必要なのでしょうか？

脳をトレーニングするのは、脳の老化防止のためですね。

脳が老化するというのは、加齢に伴って脳が萎縮し、前頭葉や海馬、小脳の機能が低下して「もの忘れ」などの症状が出てくることです。老化をくいとめるために、脳の働きを活性化させるトレーニングが必要なのです。

たとえば手紙を書くとき、手を動かしながら文章を考えたり漢字を思い出そうとしたりします。このように、二つのことを同時に行うときには、二つの課題（「二つ」＝デュアル、「課題」＝タスクで、「デュアルタスク」という）を脳に与えているわけで、そういうことが脳の働きを活性化させるのに大いに役に立つのです。

ですから本書では、漢字を思い出しながら、手を動かして書くトレーニングをします。

一般的に、記憶力は加齢とともに低下します。だから、脳の老化も仕方がないことなのでしょうか？

いえ、そうではありません。

さまざまな人生経験を経て培っていく「知恵」や「知識」、「経験」のようなものは、水晶のようにだんだんと結晶化していく知能といえます。これは「クリスタルインテリジェンス」と呼ばれ、加齢とともに伸びていくものです。

経験の浅い若者より、世の中の荒波にもまれ、酸いも甘いも噛み分けた年長者のほうが優れている面もあるのです。自信を持ってください。

脳年齢テストの結果が、実際の年齢より若かった方も、そうでない方も、これから本編の問題を解いていきながら、さらに脳を若返らせましょう！

篠原菊紀

第 1 部

読み書き思い出し

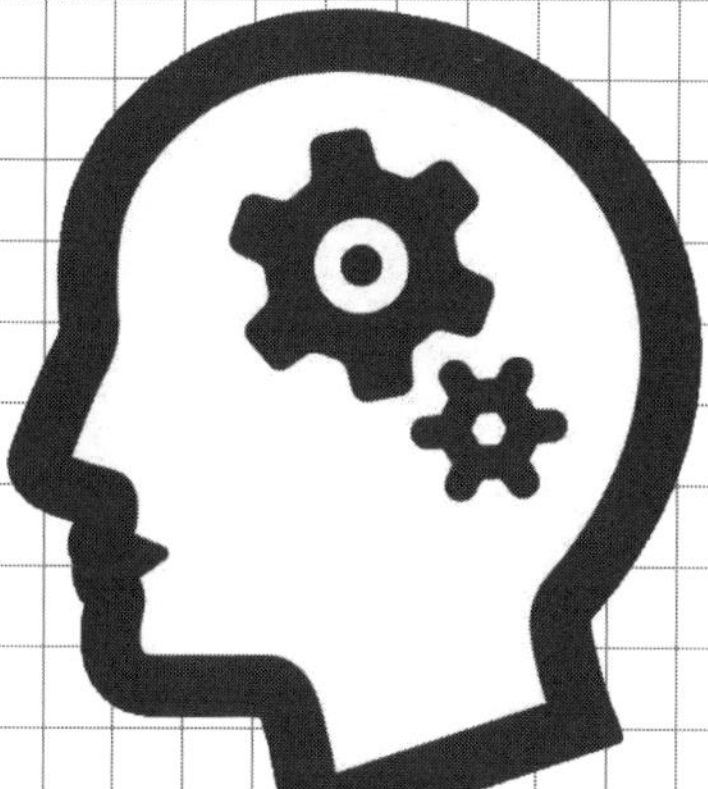

ことわざ 慣用句

問1

□に漢字を入れてことわざ・慣用句を完成させ、その意味をⓐ～ⓓから選びましょう。（制限時間：1分）

①お□を濁す

②雨垂れ□を穿《うが》つ

③□も歩けば棒に□たる

④思い□ったが□日

人の行動にまつわる言葉

ⓐ行動しているうちに思わぬ幸運に出会うこともあるということ。

ⓑいいかげんなことを言って、その場を取り繕うこと。

ⓒ何かを始めようと思い立ったら、すぐに行動に移すのがよいということ。

ⓓ小さなことでも続けていれば、いつか成果があらわれること。

（答えはP.28）

ことわざ 慣用句 問2

□に漢字を入れてことわざ・慣用句を完成させ、その意味をⓐ〜ⓓから選びましょう。(制限時間：1分)

人の行動にまつわる言葉

①人事を尽くして□命を□つ

②李《り》下《か》に□を正さず

③□報は□て待て

④言うは易《やす》く□うは□し

ⓐできる限りのことをやったら、あとは天の意思に任せること。

ⓑ焦らずじっと待っていると、いつか幸運がやってくるということ。

ⓒ口で言うことは簡単だが、それを実行するのは難しいということ。

ⓓ誤解を受けるような態度は慎め、ということ。

(答えはP.29)

ことわざ
慣用句

問3

□に漢字を入れてことわざ・慣用句を完成させ、その意味をⓐ～ⓓから選びましょう。（制限時間：1分）

① □心あれば□心

② □の心□知らず

③ □降って□固まる

④ □して同ぜず

人の行動にまつわる言葉

ⓐ 親が子どものことをどれほど深く思っているか、子どもはわからないということ。

ⓑ 相手が好意を見せたなら、こちらも好意をもって接するということ。

ⓒ もめごとの後には、かえってよい状態になるということ。

ⓓ 周囲と協調はするが、むやみやたらと同調はしないこと。

（答えはP.30）

問1の答え
① 茶・ⓑ　② 石・ⓓ　③ 犬・当・ⓐ
④ 立・吉・ⓒ

ことわざ 慣用句 問4

□に漢字を入れてことわざ・慣用句を完成させ、その意味をⓐ〜ⓓから選びましょう。
（制限時間：1分）

人間関係にまつわる言葉

① □い□には巻かれろ

② □吹けども踊らず

③ □に交われば□くなる

④ □る杭は□たれる

ⓐ 出過ぎた行動をとると、おとしいれられてしまうということ。

ⓑ 周囲の人や環境によって、良くも悪くも影響を受けること。

ⓒ 用意周到に準備しても、相手はこちらの思惑通りには動いてくれないこと。

ⓓ 力のある者には従っておいたほうがいいということ。

（答えはP.31）

問2の答え		
	① 天・待・ⓐ	② 冠・ⓓ
	③ 果・寝・ⓑ	④ 行・難・ⓒ

ことわざ
慣用句
問5

□に漢字を入れてことわざ・慣用句を完成させ、その意味をⓐ～ⓓから選びましょう。
(制限時間：1分)

① □つ子の魂□まで

② 待てば□路の日和あり

③ □死に□生を得る

④ □うは□れのはじめ

人生にまつわる言葉

ⓐ 出会った人とは、必ず別れなければならないということ。

ⓑ 幼いときの性質は、大人になっても変わらないということ。

ⓒ 焦らずに待っていれば幸運はやってくるということ。

ⓓ 危ないところで奇跡的に助かること。

(答えはP.32)

問3の答え

① 魚・水・ⓑ　② 親・子・ⓐ
③ 雨・地・ⓒ　④ 和・ⓓ

ことわざ 慣用句

問6

□に漢字を入れてことわざ・慣用句を完成させ、その意味をⓐ～ⓓから選びましょう。（制限時間：1分）

① □からぼた餅

② 渡りに□

③ 禍□はあざなえる□の如し

④ 怪□の□名

人生にまつわる言葉

ⓐ 思いがけない幸運がやってくること。

ⓑ 何かをしようとしたところへ都合のよいことが起こること。

ⓒ 幸福と不幸は交互に来るものだということ。

ⓓ 失敗から思いがけないよい結果が出ること。

（答えはP.33）

問4の答え

① 長・物・ⓓ　② 笛・ⓒ
③ 朱・赤・ⓑ　④ 出・打・ⓐ

ことわざ 慣用句

問7

□に漢字を入れてことわざ・慣用句を完成させ、その意味をⓐ～ⓓから選びましょう。(制限時間：1分)

① 身を□ててこそ浮かぶ□もあれ

② 人間□事塞《さい》翁《おう》が□

③ □る年波には□てぬ

④ 七転び□□き

人生にまつわる言葉

ⓐ 幸・不幸は変転し定まりのないものであるということ。

ⓑ 何度失敗してもくじけず、立ち上がって頑張ること。

ⓒ 命をかけるほどの覚悟を持ってしてこそ成功するということ。

ⓓ 年を取ることには逆らえないということ。

(答えはP.34)

問5の答え

① 三・百・ⓑ　② 海・ⓒ
③ 九・一・ⓓ　④ 会・別・ⓐ

ことわざ 慣用句 問8

□に漢字を入れてことわざ・慣用句を完成させ、その意味をⓐ～ⓓから選びましょう。
（制限時間：1分）

① 金は□下の回り物

② 金に□目をつけない

③ □銭身につかず

④ いつまでもあると□うな□と金

お金にまつわる言葉

ⓐ 不正なことをして得たお金なら、すぐに浪費してしまうということ。

ⓑ 惜しげもなく、どんどんお金を使うこと。

ⓒ いつまでもあると錯覚するが、甘えたり浪費したりしてはいけないという戒め。

ⓓ お金は一か所に留まらず人の間を回るものなので、貧富は固定されないということ。

（答えはP.35）

問6の答え

① 棚・ⓐ　② 船（舟）・ⓑ
③ 福・縄・ⓒ　④ 我・功・ⓓ

ことわざ 慣用句 問9

□に漢字を入れてことわざ・慣用句を完成させ、その意味をⓐ～ⓓから選びましょう。（制限時間：1分）

① 金の切れ目が□の切れ目

② 貧すれば□する

③ □物買いの□失い

④ □持ち喧嘩せず

お金にまつわる言葉

ⓐ 貧しくなると生活に追われ、利口な人であっても愚かになるということ。

ⓑ 金があるうちはちやほやして、金がなくなると冷たくあたること。

ⓒ 裕福な人は争って損をするようなことはしないということ。

ⓓ わずかなお金を惜しんだために、結局は損をしてしまうということ。

（答えはP.36）

問7の答え

① 捨・瀬・ⓒ　② 万・馬・ⓐ
③ 寄・勝・ⓓ　④ 八・起・ⓑ

ことわざ慣用句 問10

□に漢字を入れてことわざ・慣用句を完成させ、その意味をⓐ～ⓓから選びましょう。（制限時間：1分）

①及ばぬ鯉《こい》の□登り

②かわいさ余って□さ□倍

③割れ□に綴《と》じ蓋《ぶた》

④蓼《たで》食う□も好き好き

男女関係にまつわる言葉

ⓐ人の好みは多様なので、他人がとやかく言うことはできないというたとえ。

ⓑどんなに努力しても叶わない高望みの恋や、到底不可能なことのたとえ。

ⓒどんな人にもそれ相応の配偶者がいるというたとえ。

ⓓかわいいと思っていただけに、一度憎いと思い始めると、その憎しみも強くなるということ。

（答えはP.37）

問8の答え

① 天・ⓓ　② 糸・ⓑ　③ 悪・ⓐ
④ 思・親・ⓒ

ことわざ
慣用句

問11

□に漢字を入れてことわざ・慣用句を完成させ、その意味をⓐ～ⓓから選びましょう。（制限時間：1分）

男女関係にまつわる言葉

①縁は異なもの□なもの

②元の鞘《さや》に□まる

③焼け木杭《ぼっくい》に□がつく

④□た者夫婦

ⓐ関係が切れても、一度関係を結んでいた男女は元に戻りやすいということ。

ⓑ男女の縁はどこでどう結ばれるかわからない、不思議なものだということ。

ⓒいったん仲たがいした者同士が再び元の関係に戻ること。

ⓓ夫婦は、好みや性格が近くなってくるということ。

（答えはP.38）

問9の答え

① 縁・ⓑ　② 鈍・ⓐ

③ 安・銭・ⓓ　④ 金・ⓒ

ことわざ 慣用句 問12

□に漢字を入れてことわざ・慣用句を完成させ、その意味をⓐ～ⓓから選びましょう。（制限時間：1分）

①酒は□薬の□

②腹□分目に医者いらず

③医者の□養生

④病は□から

健康にまつわる言葉

ⓐ満腹ではなく、ほどよい程度に食べるのが健康にはよいということ。

ⓑ心のもちようによって、治る病気もあるということ。

ⓒ酒は適量を飲めば、健康によいということ。

ⓓ他人には立派なことを言うが自分は何もしないこと。

（答えはP.39）

問10の答え

①滝・ⓑ　②憎・百・ⓓ
③鍋・ⓒ　④虫・ⓐ

ことわざ
慣用句

問13

□に漢字を入れてことわざ・慣用句を完成させ、その意味をⓐ～ⓓから選びましょう。（制限時間：１分）

①良薬は口に□し

②風邪は□病の元

③寝る子は□つ

④早□きは三文の□

健康にまつわる言葉

ⓐよい忠告は聞くのが辛いが、ためになるというたとえ。

ⓑ早く目覚めると、健康にもよいし、何かしらよいことがあるということ。

ⓒ風邪はあらゆる病気の元となるから、あなどってはいけないということ。

ⓓよく眠る子どもは丈夫に育つということ。

（答えはP.40）

問11の答え

① 味・ⓑ　② 収・ⓒ　③ 火・ⓐ
④ 似・ⓓ

ことわざ 慣用句

問14

□に漢字を入れてことわざ・慣用句を完成させ、その意味をⓐ～ⓓから選びましょう。（制限時間：1分）

身体の一部が入った言葉

① 壁に耳あり障子に□あり

② 二の□を踏む

③ 人の□に戸は立てられぬ

④ 地獄□

ⓐ 他人の秘密などを敏感にキャッチする人を指していう。

ⓑ 世間の噂や評判は防ぎようがないということ。

ⓒ 秘密はどこからでも漏れやすいので、用心しなければならないということ。

ⓓ なかなか決心がつかないで一歩を踏み出せないこと。

（答えはP.41）

問12の答え

① 百・長・ⓒ　② 八・ⓐ　③ 不・ⓓ

④ 気・ⓑ

ことわざ 慣用句
問15

□に漢字を入れてことわざ・慣用句を完成させ、その意味をⓐ～ⓓから選びましょう。
(制限時間：1分)

身体の一部が入った言葉

①濡れ□で粟《あわ》

②二枚□を使う

③□に衣《きぬ》着せぬ

④□を抜かす

ⓐ何の苦労もしないで大きな利益を得ることのたとえ。

ⓑ驚くなどして立てなくなること。

ⓒ矛盾したことを言ったり、うそをついたりすること。

ⓓ思ったことをそのまま口にすることのたとえ。

(答えはP.42)

問13の答え

① 苦・ⓐ　② 万・ⓒ　③ 育・ⓓ
④ 起・徳／得・ⓑ

ことわざ 慣用句

問16

□に漢字を入れてことわざ・慣用句を完成させ、その意味をⓐ～ⓓから選びましょう。（制限時間：1分）

動物や鳥が入った言葉

① 生き□の目を抜く

② 二□を追う者は一□をも得ず
（※□には同じ漢字が入る）

③ 夫婦喧嘩は□も食わない

④ □も鳴かずばうたれまい

ⓐ 一度に二つのものを得ようとすると、何も得ることができないということ。

ⓑ すばやく人を出し抜くことのたとえ。

ⓒ 不用意な発言をしたばかりに、自ら災いを呼びこむことのたとえ。

ⓓ 夫婦喧嘩は取るに足りないものが多いから放っておくにかぎるということ。

（答えはP.43）

問14の答え

① 目・ⓒ　② 足・ⓓ　③ 口・ⓑ
④ 耳・ⓐ

ことわざ 慣用句 問17

□に漢字を入れてことわざ・慣用句を完成させ、その意味をⓐ～ⓓから選びましょう。（制限時間：1分）

①窮鼠《きゅうそ》□を噛む

②□の威を借る狐

③能ある□は爪を隠す

④□にひかれて善光寺参《ぜんこうじまい》り

動物や鳥が入った言葉

ⓐ才能のある人は、見せびらかしたり自慢したりしないということ。

ⓑ自分の意思ではなく、思いがけないことに誘われてよい方向に導かれること。

ⓒ権力のある人をたてにしていばる、つまらない人間を指す。

ⓓ追いつめられると、弱い者でも強い者に刃向かうことがあるということ。

（答えはP.44）

問15の答え

① 手・ⓐ　② 舌・ⓒ　③ 歯・ⓓ
④ 腰・ⓑ

漢字の読み書き 問18

次の漢字の読みをⒶ～Ⓛから選びましょう。（制限時間：2分）

「うおへん」の漢字

①鰺

②鮎

③鰯

④鰹

⑤鮭

⑥鯖

⑦鰈

⑧鰆

⑨鱸

⑩鰊

⑪鰤

⑫鱚

Ⓐいわし　Ⓑあゆ
Ⓒあじ　Ⓓさけ
Ⓔかつお　Ⓕさば
Ⓖかれい　Ⓗすずき
Ⓘさわら　Ⓙぶり
Ⓚきす　Ⓛにしん

（答えはP.45）

問16の答え
①馬・ⓑ　②兎・ⓐ　③犬・ⓓ
④雉（きじ）・ⓒ

漢字の読み書き
問19

「うおへん」の漢字

次の漢字の読みをⒶ～Ⓛから選びましょう。
（制限時間：２分）

① 鯨
② 鮑
③ 鱧
④ 鰻
⑤ 鮫
⑥ 鯛
⑦ 鱈
⑧ 鯰
⑨ 鮃
⑩ 鮒
⑪ 鮪
⑫ 鱒

Ⓐ たら
Ⓑ さめ
Ⓒ はも
Ⓓ くじら
Ⓔ なまず
Ⓕ あわび
Ⓖ ひらめ
Ⓗ うなぎ
Ⓘ まぐろ
Ⓙ ふな
Ⓚ ます
Ⓛ たい

（答えはP.46）

問17の答え
① 猫・ⓓ　② 虎・ⓒ　③ 鷹・ⓐ
④ 牛・ⓑ

漢字の読み書き 問20

次の漢字の読みをⒶ～Ⓛから選びましょう。
（制限時間：2分）

「けものへん」「うまへん」の漢字

①狼
②猿
③猫
④狐
⑤狸
⑥猪
⑦獏
⑧獺
⑨狢
⑩驢馬
⑪騾馬
⑫駱駝

Ⓐさる
Ⓑきつね
Ⓒかわうそ
Ⓓろば
Ⓔばく
Ⓕたぬき
Ⓖいのしし
Ⓗおおかみ
Ⓘらくだ
Ⓙむじな
Ⓚらば
Ⓛねこ

（答えはP.47）

問18の答え
①C ②B ③A ④E ⑤D ⑥F
⑦G ⑧I ⑨H ⑩L ⑪J ⑫K

漢字の読み書き

問21

次の漢字の読みをⒶ〜Ⓛから選びましょう。

（制限時間：2分）

「鳥」のつく漢字

① 鷲

② 鷹

③ 鳶

④ 鶯

⑤ 鷗

⑥ 鸚鵡

⑦ 鶏

⑧ 鵜

⑨ 鳩

⑩ 鴨

⑪ 鶉

⑫ 鶴

Ⓐ つる

Ⓑ にわとり

Ⓒ はと

Ⓓ うぐいす

Ⓔ とび

Ⓕ うずら

Ⓖ う

Ⓗ たか

Ⓘ わし

Ⓙ かも

Ⓚ かもめ

Ⓛ おうむ

（答えはP.48）

問19の答え

①D　②F　③C　④H　⑤B　⑥L

⑦A　⑧E　⑨G　⑩J　⑪I　⑫K

漢字の読み書き 問22

「虫」のつく漢字

次の漢字の読みをⒶ〜Ⓛから選びましょう。（制限時間：２分）

①蟹
②蝦
③蛸
④虱
⑤蚤
⑥蚋
⑦蝮
⑧蜈蚣
⑨蚯蚓
⑩蜻蛉
⑪蟷螂
⑫蜚蠊

Ⓐたこ
Ⓑえび
Ⓒかに
Ⓓぶよ
Ⓔしらみ
Ⓕのみ
Ⓖむかで
Ⓗまむし
Ⓘみみず
Ⓙごきぶり
Ⓚとんぼ
Ⓛかまきり

（答えはP.49）

問20の答え

①H ②A ③L ④B ⑤F ⑥G
⑦E ⑧C ⑨J ⑩D ⑪K ⑫I

漢字の読み書き
問23

「虫」のつく漢字

次の漢字の読みをⒶ～Ⓛから選びましょう。
（制限時間：2分）

① 蛙
② 蠅
③ 蜂
④ 蚕
⑤ 蛤
⑥ 蜩
⑦ 蟻
⑧ 蚊
⑨ 蜘蛛
⑩ 蛇
⑪ 蛾
⑫ 蝶

Ⓐかいこ　Ⓑくも
Ⓒかえる　Ⓓへび
Ⓔはち　Ⓕはまぐり
Ⓖちょう　Ⓗか
Ⓘひぐらし　Ⓙが
Ⓚあり　Ⓛはえ

（答えはP.50）

問21の答え

①I　②H　③E　④D　⑤K　⑥L
⑦B　⑧G　⑨C　⑩J　⑪F　⑫A

漢字の読み書き 問24

スポーツにまつわる漢字

次の漢字が表す球技名をⒶ～Ⓛから選びましょう。（制限時間：2分）

①蹴球

②闘球

③庭球

④避球

⑤籠球

⑥排球

⑦撞球

⑧羽球

⑨卓球

⑩孔球

⑪氷球

⑫門球

Ⓐドッジボール
Ⓑバスケットボール
Ⓒビリヤード
Ⓓピンポン
Ⓔゴルフ
Ⓕアイスホッケー
Ⓖサッカー
Ⓗテニス
Ⓘゲートボール
Ⓙラグビー
Ⓚバレーボール
Ⓛバドミントン

（答えはP.51）

問22の答え					
①C	②B	③A	④E	⑤F	⑥D
⑦H	⑧G	⑨I	⑩K	⑪L	⑫J

漢字の読み書き 問25

音楽にまつわる漢字

次の漢字が表すカタカナ名をⒶ～Ⓛから選びましょう。
（制限時間：2分）

①交響曲 ②協奏曲 ③円舞曲

④鎮魂曲 ⑤前奏曲 ⑥輪舞曲

⑦狂詩曲 ⑧夜想曲 ⑨洋琴

⑩風琴 ⑪提琴 ⑫竪琴

Ⓐプレリュード
Ⓑノクターン
Ⓒオルガン
Ⓓハープ
Ⓔコンチェルト
Ⓕシンフォニー
Ⓖレクイエム
Ⓗワルツ
Ⓘラプソディ
Ⓙヴァイオリン
Ⓚピアノ
Ⓛロンド

（答えはP.52）

問23の答え

①C　②L　③E　④A　⑤F　⑥I
⑦K　⑧H　⑨B　⑩D　⑪J　⑫G

漢字の読み書き 問26

次の漢字を読んでみましょう。

（制限時間：1分）

暦にまつわる漢字

① 大安
② 立春
③ 赤口
④ 睦月
⑤ 秋分
⑥ 師走
⑦ 先勝
⑧ 穀雨
⑨ 夏至
⑩ 如月
⑪ 啓蟄
⑫ 閏年

（答えはP.53）

問24の答え

①G ②J ③H ④A ⑤B ⑥K
⑦C ⑧L ⑨D ⑩E ⑪F ⑫I

漢字の読み書き

問27

歴史にまつわる漢字

次の漢字を読んでみましょう。
（制限時間：1分）

①縄文	②古墳	③飛鳥	
④摂政	⑤遣唐使	⑥校倉造	
⑦風土記	⑧枕草子	⑨倭寇	
⑩桶狭間	⑪安土城	⑫御家人	

（答えはP.54）

問25の答え

①F　②E　③H　④G　⑤A　⑥L
⑦I　⑧B　⑨K　⑩C　⑪J　⑫D

漢字の読み書き 問28

次の漢字を読んでみましょう。
（制限時間：1分）

年齢にまつわる漢字

①米寿
②三十路
③卒寿
④不惑
⑤古希
⑥白寿
⑦還暦
⑧二十歳
⑨傘寿
⑩弱冠
⑪喜寿
⑫百寿

（答えはP.55）

問26の答え

①たいあん　②りっしゅん　③しゃっこう／しゃっく　④むつき　⑤しゅうぶん　⑥しわす　⑦せんしょう／せんかち／さきがち　⑧こくう　⑨げし　⑩きさらぎ　⑪けいちつ　⑫うるうどし

漢字の読み書き 問29

芸能にまつわる漢字

次の漢字を読んでみましょう。
（制限時間：1分）

① 狂言	④ 世阿弥	⑦ 浄瑠璃	⑩ 落語
② 能楽	⑤ 猿楽	⑧ 民謡	⑪ 漫才
③ 神楽	⑥ 歌舞伎	⑨ 講談	⑫ 浪花節

（答えはP.56）

問27の答え

①じょうもん　②こふん　③あすか
④せっしょう　⑤けんとうし　⑥あぜくらづくり　⑦ふどき　⑧まくらのそうし
⑨わこう　⑩おけはざま　⑪あづちじょう
⑫ごけにん

漢字の読み書き 問30

次の漢字を読んでみましょう。
（制限時間：1分）

手紙、贈答にまつわる漢字

①拝啓
②謹呈
③冠省
④敬白
⑤不一
⑥鞭撻
⑦愛顧
⑧御歳暮
⑨寸志
⑩薄謝
⑪御布施
⑫御餞別

（答えはP.57）

問28の答え

①べいじゅ　②みそじ　③そつじゅ
④ふわく　⑤こき　⑥はくじゅ
⑦かんれき　⑧はたち　⑨さんじゅ
⑩じゃっかん　⑪きじゅ　⑫ひゃくじゅ

漢字の読み書き

問31

次の漢字を読んでみましょう。
（制限時間：1分）

和歌にまつわる漢字

①門松	④朧月	⑦入道雲	⑩案山子
②紅梅	⑤菖蒲湯	⑧残暑	⑪柊
③春雷	⑥梅雨	⑨名月	⑫懐炉

(答えはP.58)

問29の答え

①きょうげん　②のうがく　③かぐら　④ぜあみ　⑤さるがく／さるごう　⑥かぶき　⑦じょうるり　⑧みんよう　⑨こうだん　⑩らくご　⑪まんざい　⑫なにわぶし

漢字の読み書き 問32

次の漢字を読んでみましょう。（制限時間：1分）

気象にまつわる漢字

①五月雨

②凩

③小春日和

④野分

⑤時化

⑥蜃気楼

⑦猛暑日

⑧東風

⑨霰

⑩霙

⑪驟雨

⑫虹

（答えはP.59）

問30の答え

①はいけい　②きんてい　③かんしょう
④けいはく　⑤ふいつ　⑥べんたつ
⑦あいこ　⑧おせいぼ　⑨すんし
⑩はくしゃ　⑪おふせ　⑫お（ご）せんべつ

漢字の読み書き 問33

次の漢字を読んでみましょう。
（制限時間：1分）

性格にまつわる漢字

①暢気	④無垢	⑦真面目	⑩剽軽
②臆病	⑤几帳面	⑧律儀	⑪狡猾
③偏屈	⑥奔放	⑨阿漕	⑫破天荒

（答えはP.60）

問31の答え

①かどまつ　②こうばい　③しゅんらい
④おぼろづき　⑤しょうぶゆ
⑥つゆ／ばいう　⑦にゅうどうぐも
⑧ざんしょ　⑨めいげつ　⑩かかし
⑪ひいらぎ　⑫かいろ

漢字の読み書き 問34

歴史上の人物の漢字

次の人物名を読みましょう。また、その人物像をⓐ〜ⓔから選びましょう。（制限時間：1分）

① 平将門

② 菅原道真

③ 源頼朝

④ 伊達政宗

⑤ 鑑真

ⓐ安土桃山〜江戸初期の武将。仙台藩の初代藩主。隻眼の英雄として「独眼竜」と呼ばれる。

ⓑ東国に独立国家をつくる野望を抱いていた、平安時代中期の武将。東京・大手町にその首をまつってある有名な塚がある。

ⓒ平安時代、宇多天皇に重用され、右大臣を務める。「学問の神様」として北野天満宮、太宰府天満宮にまつられる。

ⓓ中国・唐の僧で日本の律宗の祖。5度の渡航失敗と失明にあいながら来日。唐招提寺に国宝の坐像がある。

ⓔ武士政権をつくった鎌倉幕府の初代将軍。源氏は壇ノ浦で平氏を滅ぼした。1192年に征夷大将軍に任命された。

（答えはP.61）

問32の答え

①さみだれ　②こがらし　③こはるびより　④のわき／のわけ　⑤しけ　⑥しんきろう　⑦もうしょび　⑧こち／とうふう／ひがしかぜ　⑨あられ　⑩みぞれ　⑪しゅうう　⑫にじ

漢字の読み書き 問35

歴史上の人物の漢字

次の人物名を読みましょう。また、その人物像をⓐ～ⓔから選びましょう。（制限時間：1分）

①卑弥呼

②福沢諭吉

③清少納言

④後醍醐天皇

⑤伊能忠敬

ⓐ96代天皇。鎌倉幕府討伐に失敗して隠岐に流刑されるが、後に倒幕し、建武の新政を行う。

ⓑ江戸後期の地理学者。日本全国の沿岸を測量し、「大日本沿海輿地全図」を作った。

ⓒ明治の思想家、教育者。「天は人の上に人を造らず人の下に人を造らずと云へり」で始まる『学問のすゝめ』を著した。慶應義塾大学の創始者。

ⓓ邪馬台国の女王。中国の魏に使いを送り、「親魏倭王」の称号を受ける。

ⓔ平安時代、一条天皇の皇后・中宮定子に仕える。歌人であり、随筆『枕草子』の作者。

（答えはP.62）

問33の答え

①のんき　②おくびょう　③へんくつ
④むく　⑤きちょうめん　⑥ほんぽう
⑦まじめ　⑧りちぎ　⑨あこぎ
⑩ひょうきん　⑪こうかつ　⑫はてんこう

漢字の読み書き
問36

名作タイトルの漢字

次の名作のタイトルを読みましょう。また、その作者と内容をⓐ〜ⓔから選びましょう。（制限時間：1分）

① 羅生門

② 富嶽百景

③ 金色夜叉

④ 暗夜行路

⑤ 檸檬

ⓐ 尾崎紅葉／許嫁（いいなずけ）の鴫沢宮（しぎさわみや）を資産家に奪われた間貫一（はざまかんいち）は、高利貸しとなって復讐を企てる。未完。

ⓑ 志賀直哉／主人公・時任謙作（ときとうけんさく）が、自身の出生の秘密や妻の不義に悩み苦しみながらも克服していく過程を描く。

ⓒ 梶井基次郎／主人公の「私」は原因不明の憂鬱症に悩んでいたが、一個の檸檬を手に入れたことで変化が訪れる。

ⓓ 太宰治／東京での生活を離れ、富士山麓を旅し、さまざまな雄々しい富士山の姿を見る中で心境の変化が生まれる。

ⓔ 芥川龍之介／平安時代、天変地異によって荒廃した世の中で、下人（げにん）はある老婆に出会い、生きるために悪を是とする生き方に感化される。

（答えはP.63）

問34の答え

①たいらのまさかど・ⓑ　②すがわらのみちざね・ⓒ　③みなもとのよりとも・ⓔ　④だてまさむね・ⓐ　⑤がんじん・ⓓ

漢字の読み書き
問37

名作タイトルの漢字

次の名作のタイトルを読みましょう。また、その作者と内容をⓐ〜ⓔから選びましょう。（制限時間：1分）

①草枕

②舞姫

③細雪

④伊豆の踊子

⑤金閣寺

ⓐ森鷗外／エリート官僚である太田豊太郎が留学先のドイツで、自由と自我に目覚めるが、恋仲となったエリスを捨て日本に帰国する。

ⓑ谷崎潤一郎／大阪船場の旧家の四姉妹を主人公として、上流社会の生活と四姉妹の運命を描く。

ⓒ夏目漱石／「非人情」の境地を生きようとする青年画家とある女性の出会いを描く。

ⓓ三島由紀夫／ある寺の美しさに心を奪われた青年僧が、放火事件を起こしてしまう。

ⓔ川端康成／一人旅する青年が、旅芸人一座の踊子と出会い、恋心を抱く。

（答えはP.64）

問35の答え

①ひみこ・ⓓ　②ふくざわゆきち・ⓒ　③せいしょうなごん・ⓔ　④ごだいごてんのう・ⓐ　⑤いのうただたか・ⓑ

漢字の読み書き

問38

日用品の漢字

ひらがなに当てはまる漢字を下の（　）から選んで、日用品の名前を完成させましょう。（制限時間：1分）

①ちゃわん
（参　茶　碗　椀　着　紗）

②かみそり
（髪　剃　神　刃　刀　上）

③こたつ
（立　個　燵　達　炬　居）

④たんす
（笥　簀　短　箪　鏡　汰）

⑤じゅうたん
（柔　毯　丹　堂　地　絨）

⑥はけ
（吐　刷　履　卦　毛　派）

（答えはP.65）

問36の答え
①らしょうもん・ⓔ　②ふがくひゃっけい・ⓓ　③こんじきやしゃ・ⓐ　④あんやこうろ・ⓑ　⑤れもん・ⓒ

ひらがなに当てはまる漢字を下の（　）から選んで、日用品の名前を完成させましょう。（制限時間：1分）

日用品の漢字

①かや
（家　掻　蚊　帳　屋　夜）

②えんぴつ
（円　筆　費　鉛　柄　船）

③すいはんき
（飯　水　版　器　炊　機）

④いす
（位　椅　季　子　簾　処）

⑤やかん
（八　管　薬　矢　缶　巻）

⑥たわし
（駄　子　輪　束　使　田）

（答えはP.66）

問37の答え
①くさまくら・ⓒ　②まいひめ・ⓐ
③ささめゆき・ⓑ
④いずのおどりこ・ⓔ　⑤きんかくじ・ⓓ

漢字の読み書き

問40

ひらがなに当てはまる漢字を下の（　）から選んで、食べ物の名前を完成させましょう。（制限時間：1分）

食べ物の漢字

①そば

（ 花 麦 緑 蕎 夏 茶 ）

②のり

（ 海 草 芭 苔 皮 色 ）

③そうめん

（ 素 曽 藻 麺 練 想 ）

④ところてん

（ 天 太 沺 心 栄 所 ）

⑤すいとん

（ 坦 団 水 呑 湯 菜 ）

⑥ようかん

（ 洋 羊 楊 筆 羹 籍 ）

（答えはP.67）

問38の答え			
	①茶碗	②剃刀	③炬燵
	④箪笥	⑤絨毯	⑥刷毛

漢字の読み書き

問41

ひらがなに当てはまる漢字を下の（　）から選んで、食べ物の名前を完成させましょう。（制限時間：1分）

食べ物の漢字

①うどん
（饂 丼 貪 饂 紆 呑）

②かまぼこ
（鉾 蒲 海 葡 萄 漁）

③ぎんなん
（銀 衣 南 呑 杏 吟）

④さしみ
（射 身 深 味 実 刺）

⑤ごま
（呉 魔 麻 胡 固 五）

⑥もなか
（母 最 奈 加 中 喪）

（答えはP.68）

問39の答え

①蚊帳　②鉛筆　③炊飯器
④椅子　⑤薬缶　⑥束子

漢字の読み書き 問42

ひらがなに当てはまる漢字を下の（　）から選んで、野菜の名前を完成させましょう。（制限時間：１分）

野菜の漢字

①たまねぎ
（多 根 葱 球 摩 玉）

②しょうが
（姜 妾 芽 夏 祥 生）

③きゅうり
（久 瓜 李 九 胡 梨）

④なす
（那 子 須 茄 何 寿）

⑤かぼちゃ
（瓜 南 西 爪 茶 棒）

⑥らっきょう
（韮 拉 辣 京 蘭 京）

（答えはP.69）

問40の答え
①蕎麦　②海苔　③素麺
④心太　⑤水団　⑥羊羹

漢字の読み書き

問43

ひらがなに当てはまる漢字を下の（　）から選んで、野菜の名前を完成させましょう。（制限時間：1分）

野菜の漢字

①にんじん
（参 仁 人 壬 路 忍）

②ごぼう
（牛 呉 蒡 棒 吾 房）

③すいか
（垂 瓜 東 西 伽 荷）

④れんこん
（連 恋 蓮 痕 根 鈴）

⑤にんにく
（任 禰 肉 小 蒜 大）

⑥わさび
（山 和 寂 葵 登 田）

（答えはP.70）

問41の答え
①饂飩　②蒲鉾　③銀杏
④刺身　⑤胡麻　⑥最中

漢字の読み書き

問44

カタカナに当てはまる漢字を下の（　）から選んで、国名・都市名を完成させましょう。（制限時間：1分）

国名・都市名の漢字

①ドイツ

（逸 斗 独 土 乙 津）

②オランダ

（蘭 乱 和 於 藍 打）

③インド

（院 印 奴 度 引 以）

④スイス

（粋 守 北 西 需 瑞）

⑤ニューヨーク

（柔 紐 楊 弐 玖 育）

⑥ベルリン

（林 麟 厘 伯 扁 辺）

（答えはP.71）

問42の答え

①玉葱　②生姜　③胡瓜

④茄子／茄　⑤南瓜　⑥辣韮

漢字の読み書き

問45

カタカナに当てはまる漢字を下の（　）から選んで、国名・都市名を完成させましょう。（制限時間：1分）

国名・都市名の漢字

①ブータン
（端 旦 丹 不 歩 舞）

②ポーランド
（穂 匍 波 騾 嵐 蘭）

③ベトナム
（南 琶 都 越 無 納）

④ローマ
（馬 真 羅 楼 茉 廊）

⑤パリ
（芭 巴 波 李 里 莉）

⑥ロンドン
（敦 露 倫 鈍 論 都）

(答えはP.72)

問43の答え
①人参　②牛蒡　③西瓜
④蓮根　⑤大蒜／蒜　⑥山葵

四字熟語 問46

□に動物の漢字を入れて四字熟語を完成させ、（ ）に読みを書き、その意味をⓐ～ⓒから選びましょう。（制限時間：30秒）

動物名が入る四字熟語

①□視眈眈（　　　）

②□飲□食（　　　）

③□突猛進（　　　）

ⓐ油断なく機会を狙って形勢をうかがっている様子。

ⓑ一つのことに向かって、勢い激しく突き進むこと。

ⓒ大いに飲んだり食べたりすること。

(答えはP.73)

問44の答え

①独逸	②和蘭	③印度
④瑞西	⑤紐育	⑥伯林

四字熟語

問47

□に動物の漢字を入れて四字熟語を完成させ、（　）に読みを書き、その意味をⓐ～ⓒから選びましょう。（制限時間：30秒）

動物名が入る四字熟語

① □合之衆（　　　）

② 花□風月（　　　）

③ 雲中白□（　　　）

ⓐ美しい自然の景色のこと。また、自然を題材とした詩歌などをたしなむ風流。

ⓑ秩序もなく、ただ数だけ多く集まった集団のこと。

ⓒ品位があって、高潔な人のこと。

(答えはP.74)

問45の答え

①不丹　②波蘭　③越南
④羅馬　⑤巴里　⑥倫敦

四字熟語 問48

動物名が入る四字熟語

□に動物の漢字を入れて四字熟語を完成させ、（　）に読みを書き、その意味をⓐ〜ⓒから選びましょう。（制限時間：30秒）

①□口牛後（　　　　）

②竜頭□尾（　　　　）

③□頭狗肉（　　　　）

ⓐ見かけは立派だが、実際の中身は粗悪なもののたとえ。

ⓑ初めは勢いがよいが、だんだんと尻つぼみになること。

ⓒ大きな集団で末端にいるより、小さな集団の長となるほうがよいということ。

（答えはP.75）

問46の答え

①虎・ⓐ（こしたんたん）
②牛・馬・ⓒ（ぎゅういんばしょく）
③猪・ⓑ（ちょとつもうしん）

四字熟語 問49

□に動物の漢字を入れて四字熟語を完成させ、（　）に読みを書き、その意味をⓐ～ⓒから選びましょう。（制限時間：30秒）

動物名が入る四字熟語

① 南船北□（　　　　）

② 汗□充棟（　　　　）

③ 一石二□（　　　　）

ⓐ所有している書物が非常に多いことのたとえ。

ⓑ一つの行為で、二つの利益を得ること。

ⓒ全国を忙しく、あちこちに行くこと。

(答えはP.76)

問47の答え

①烏・ⓑ（うごうのしゅう）
②鳥・ⓐ（かちょうふうげつ）
③鶴・ⓒ（うんちゅう（の）はっかく）

四字熟語 問50

□に漢数字を入れて四字熟語を完成させ、（ ）に読みを書き、その意味をⓐ～ⓒから選びましょう。（制限時間：30秒）

数字が入る四字熟語

① □心同体（　　　　）

② □人□脚（　　　　）

③ □里霧中（　　　　）

ⓐ二人で協力してものごとに当たること。

ⓑ二人以上の人が心を分けずに強く結びつくこと。

ⓒ状況がつかめず、見込みや方針が立てられないこと。

（答えはP.77）

問48の答え

①鶏・ⓒ（けいこうぎゅうご）
②蛇・ⓑ（りゅうとうだび）
③羊・ⓐ（ようとうくにく）

数字が入る四字熟語

四字熟語 問51

□に漢数字を入れて四字熟語を完成させ、（　）に読みを書き、その意味をⓐ～ⓒから選びましょう。（制限時間：30秒）

① □位一体（　　　　）

② 朝三暮□（　　　　）

③ □戦錬磨（　　　　）

ⓐキリスト教においては、大事な教義の一つ。

ⓑ多くの経験をして鍛えられること。

ⓒ目先の違いにとらわれ、実は同じ結果だと気づかないこと。

（答えはP.78）

問49の答え

①馬・ⓒ（なんせんほくば）
②牛・ⓐ（かんぎゅうじゅうとう）
③鳥・ⓑ（いっせきにちょう）

四字熟語 問52

□に漢数字を入れて四字熟語を完成させ、（　）に読みを書き、その意味をⓐ～ⓒから選びましょう。（制限時間：30秒）

数字が入る四字熟語

① □転□倒（　　　　）

② □差万別（　　　　）

③ 危機□髪（　　　　）

ⓐ非常に危険が迫っていて、きわどい状態。

ⓑ激しい痛みなどのため、もだえ苦しむさま。

ⓒさまざまに異なっていて、たくさんの違いがあること。

（答えはP.79）

問50の答え

①一・ⓑ（いっしんどうたい）
②二・三・ⓐ（ににんさんきゃく）
③五・ⓒ（ごりむちゅう）

四字熟語 問53

数字が入る四字熟語

□に漢数字を入れて四字熟語を完成させ、（　）に読みを書き、その意味をⓐ～ⓒから選びましょう。（制限時間：30秒）

① □死一生（　　　）

② 五臓□腑（　　　）

③ 笑止□万（　　　）

ⓐ身体の中すべて。また、心の中のこと。

ⓑ非常にばかばかしいこと。また、いかにも気の毒なさま。

ⓒほとんど死にそうな危険にあいながら、かろうじて助かること。

（答えはP.80）

問51の答え

①三・ⓐ（さんみいったい）
②四・ⓒ（ちょうさんぼし）
③百・ⓑ（ひゃくせんれんま）

四字熟語 問54

同じ漢字が入る四字熟語

□に同じ漢字を入れて四字熟語を完成させ、（ ）に読みを書き、その意味をⓐ～ⓒから選びましょう。（制限時間：30秒）

① □衣□食（　　　）

② □心□意（　　　）

③ 海□山□（　　　）

ⓐ長年の経験などから世の中の裏も表も知りつくして、したたかなこと。

ⓑ打算的な考えを持たず、純粋に他人のためにつくそうと接すること。

ⓒ質素な暮らし、貧しい生活のさま。

（答えはP.81）

問52の答え

①七・八・ⓑ（しちてんばっとう）

②千・ⓒ（せんさばん（まん）べつ）

③一・ⓐ（ききいっぱつ）

四字熟語 問55

同じ漢字が入る四字熟語

□に同じ漢字を入れて四字熟語を完成させ、（　）に読みを書き、その意味をⓐ〜ⓒから選びましょう。（制限時間：30秒）

①□家□元（　　　　　）

②□材□所（　　　　　）

③□給□足（　　　　　）

ⓐすべて本人でまかない、必要なことを満たすということ。

ⓑその人の能力などにふさわしい地位や任務を与えること。

ⓒあるものがはじまった場所、人などのこと。

（答えはP.82）

問53の答え

①九・ⓒ（きゅうしいっしょう）
②六・ⓐ（ごぞうろっぷ）
③千・ⓑ（しょうしせんばん）

四字熟語　問56

□に同じ漢字を入れて四字熟語を完成させ、（　）に読みを書き、その意味をⓐ～ⓒから選びましょう。（制限時間：30秒）

同じ漢字が入る四字熟語

①□立□歩（　　　　　　）

②□対□命（　　　　　　）

③□□浦浦（　　　　　　）

ⓐ他人に頼ることなく、自分の力で信じる道を進むこと。

ⓑどうやっても逃げられず、切羽詰まったさま。

ⓒ全国いたるところ。国内のあらゆる地域。

（答えはP.83）

問54の答え

①粗・ⓒ（そいそしょく）
②誠・ⓑ（せいしんせいい）
③千・ⓐ（うみせんやません）

四字熟語

問57

□に同じ漢字を入れて四字熟語を完成させ、（　）に読みを書き、その意味をⓐ～ⓒから選びましょう。（制限時間：30秒）

同じ漢字が入る四字熟語

①岡□八□（　　　　）

②□真□銘（　　　　）

③□即□離（　　　　）

ⓐまぎれもなく、うそ偽りのない本物のこと。

ⓑ当事者よりも第三者の方が、ものごとを正しく判断できるということ。

ⓒ二つがちょうどよい関係にあること。

（答えはP.84）

問55の答え

①本・ⓒ（ほんけほんもと）
②適・ⓑ（てきざいてきしょ）
③自・ⓐ（じきゅうじそく）

四字熟語 問58

□に身体の漢字を入れて四字熟語を完成させ、（　）に読みを書き、その意味をⓐ～ⓒから選びましょう。（制限時間：30秒）

身体の一部が入る四字熟語

① □寒□熱（　　　　）

② 異□同音（　　　　）

③ 開□一番（　　　　）

ⓐ みんなの意見が一致すること。また、みんなが同じことを言うこと。

ⓑ 首より上を冷やして足を温めると、健康によいと言われる。

ⓒ いきなり話し始めること。話のいちばん最初に。

（答えはP.85）

問56の答え

①独・ⓐ（どくりつどっぽ）
②絶・ⓑ（ぜったいぜつめい）
③津・ⓒ（つつ（づ）うらうら）

四字熟語 問59

□に身体の漢字を入れて四字熟語を完成させ、（　）に読みを書き、その意味をⓐ～ⓒから選びましょう。（制限時間：30秒）

身体の一部が入る四字熟語

①弱□強食（　　　　　）

②平身低□（　　　　　）

③阿□叫喚（　　　　　）

ⓐ強い者が弱い者をえじきにすること。

ⓑ非常に悲惨でむごたらしいさま。

ⓒひたすら恐れ入ること、謝ること。

（答えはP.86）

問57の答え

①目・ⓑ（おかめはちもく）
②正・ⓐ（しょうしんしょうめい）
③不・ⓒ（ふそくふり）

四字熟語 問60

□に身体の漢字を入れて四字熟語を完成させ、（ ）に読みを書き、その意味をⓐ～ⓒから選びましょう。（制限時間：30秒）

身体の一部が入る四字熟語

① □尾一貫（　　　　　）

② 一□瞭然（　　　　　）

③ □練□管（　　　　　）

ⓐ人を上手に操りだます技術や方法のこと。

ⓑ少し見ただけでも、はっきりわかること。

ⓒ最初から最後まで同じ態度や方針で筋が通っていること。

（答えはP.87）

問58の答え

①頭・足・ⓑ（ずかんそくねつ）
②口・ⓐ（いくどうおん）
③口・ⓒ（かいこういちばん）

四字熟語

問61

□に身体の漢字を入れて四字熟語を完成させ、（　）に読みを書き、その意味をⓐ～ⓒから選びましょう。（制限時間：30秒）

身体の一部が入る四字熟語

①□前味噌（　　　　）

②厚□無恥（　　　　）

③自己満□（　　　　）

ⓐずうずうしく、自分の都合だけで行動するさま。

ⓑ自分で自分のことをほめること。

ⓒ今の自分の状況に満足すること。

（答えはP.88）

問59の答え

①肉・ⓐ（じゃくにくきょうしょく）
②頭・ⓒ（へいしんていとう）
③鼻・ⓑ（あびきょうかん）

四字熟語 問62

よみがなを頼りに、□に正しい漢字を入れて四字熟語を完成させ、その意味をⓐ～ⓓから選びましょう。（制限時間：1分）

スピーチで使う四字熟語

① 心《しん》□《き》一《いっ》□《てん》

② 前《ぜん》□《と》洋《よう》洋《よう》

③ 隔《かく》□《せい》之《の》□《かん》

④ □《あん》中《ちゅう》模《も》索《さく》

ⓐこれからの人生が明るく開けていること。

ⓑ解決の糸口をつかめないまま、いろいろと試してみること。

ⓒあることがきっかけとなって、気持ちを新たにすること。

ⓓ時代が変わってしまったという感慨をもつこと。

（答えはP.89）

問60の答え

①首・ⓒ（しゅびいっかん）
②目・ⓑ（いちもくりょうぜん）
③手・手・ⓐ（てれんてくだ）

四字熟語

問63

よみがなを頼りに、□に正しい漢字を入れて四字熟語を完成させ、その意味をⓐ～ⓓから選びましょう。（制限時間：1分）

スピーチで使う四字熟語

① 千《せん》□《ざい》一《いち》□《ぐう》

② 前《ぜん》人《じん》未《み》□《とう》

③ 背《はい》□《すい》之《の》陣《じん》

④ □《おん》故《こ》□《ち》新《しん》

ⓐ古いものをたずね求める中で、新しいことを知ること。

ⓑ川を背にしているように、もう一歩も後戻りできない状況に身を置くこと。

ⓒ過去に誰もなしとげたことがないこと、その境地に達したことがないこと。

ⓓ訪れたとしても千年に一度くらいの、めったにない機会に出くわすこと。

（答えはP.90）

問61の答え

①手・ⓑ（てまえみそ）
②顔・ⓐ（こうがんむち）
③足・ⓒ（じこまんぞく）

四字熟語 問64

よみがなを頼りに、□に正しい漢字を入れて四字熟語を完成させ、その意味をⓐ〜ⓓから選びましょう。（制限時間：1分）

人を励ます・ほめる四字熟語

① 大□晩成《たいきばんせい》

② □色兼□《さいしょくけんび》

③ 文武両□《ぶんぶりょうどう》

④ 天□爛□《てんしんらんまん》

ⓐ優れた才能と美しい容貌、どちらも持ち合わせた人。女性に使う。

ⓑありのままで飾り気がなく、明るく無邪気なさま。

ⓒ優れた才能を持つ人は、大成するまでに時間がかかるということ。

ⓓ学問と武道、どちらにも秀でていること。

（答えはP.91）

問62の答え

①機・転・ⓒ　②途・ⓐ
③世・感・ⓓ　④暗・ⓑ

四字熟語

問65

よみがなを頼りに、□に正しい漢字を入れて四字熟語を完成させ、その意味をⓐ～ⓓから選びましょう。（制限時間：1分）

人を励ます・ほめる四字熟語

① 品《ひん》行《こう》□《ほう》正《せい》

② 新《しん》□《しん》気《き》□《えい》

③ □《はく》学《がく》□《た》才《さい》

④ 天《てん》下《か》無《む》□《そう》

ⓐ世の中に並ぶ者がいないほど、優れているさま。

ⓑ行いや心が正しく立派であること。

ⓒ新しく現れ、勢いが盛んで、将来有望なこと。

ⓓ知識が豊富で、あらゆる才能に恵まれていること。

（答えはP.92）

問63の答え
①載・遇・ⓓ　②到／踏・ⓒ
③水・ⓑ　④温・知・ⓐ

四字熟語

問66

よみがなを頼りに、□に正しい漢字を入れて四字熟語を完成させ、その意味をⓐ〜ⓓから選びましょう。（制限時間：1分）

自然を表す四字熟語

① 山《さん》□《し》水《すい》□《めい》

② 中《ちゅう》□《しゅうの》名《めい》月《げつ》

③ 台《たい》風《ふう》一《いっ》□《か》

④ □《しん》山《ざん》□《ゆう》谷《こく》

ⓐ自然の景色が非常に美しいさま。

ⓑ台風が通りすぎて風雨がおさまり、晴天になること。

ⓒ深い山とひっそりとした谷。

ⓓ陰暦8月15日の夜の美しい月。

（答えはP.93）

問64の答え

①器・ⓒ　②才・備・ⓐ　③道・ⓓ

④真・漫・ⓑ

四字熟語

問67

よみがなを頼りに、□に正しい漢字を入れて四字熟語を完成させ、その意味をⓐ～ⓓから選びましょう。（制限時間：1分）

自然を表す四字熟語

①雪《せつ》□《げつ》風《ふう》□《か》

②三《さん》□《かん》四《し》□《おん》

③風《ふう》□《こう》明《めい》媚《び》

④断《だん》崖《がい》絶《ぜっ》□《ぺき》

ⓐ冬に寒い日が3日ほど続き、その後暖かい日が4日ほど続くのが繰り返される現象。

ⓑ四季折々の美しい景色のこと。

ⓒ切り立った高い危険ながけ。

ⓓ自然の景色が清らかで美しいさま。

（答えはP.94）

問65の答え
①方・ⓑ　②進・鋭・ⓒ
③博・多・ⓓ　④双・ⓐ

四字熟語 問68

よみがなを頼りに、□に正しい漢字を入れて四字熟語を完成させ、その意味をⓐ〜ⓓから選びましょう。（制限時間：1分）

座右の銘になる四字熟語

①不《ふ》□《げん》実《じっ》□《こう》

②初《しょ》□《し》貫《かん》徹《てつ》

③□《せっ》磋《さ》琢《たく》磨《ま》

④泰《たい》□《ぜん》自《じ》□《じゃく》

ⓐ何事にもゆったりと落ち着いて対処し、動じないさま。

ⓑものごとに取りかかる最初にいだいた思いを最後まで貫き通すこと。

ⓒあれこれと口に出さず、自分がなすべきことを黙って実行すること。

ⓓ学問や人徳の向上に励むこと。仲間同士で競い合い、励まし合っていくこと。

（答えはP.95）

問66の答え

①紫・明・ⓐ　②秋・ⓓ　③過・ⓑ
④深・幽・ⓒ

四字熟語 問69

座右の銘になる四字熟語

よみがなを頼りに、□に正しい漢字を入れて四字熟語を完成させ、その意味をⓐ～ⓓから選びましょう。（制限時間：1分）

① 一《いち》□《ご》一《いち》□《え》

② 則《そく》□《てん》去《きょ》□《し》

③ 粉《ふん》骨《こつ》□《さい》身《しん》

④ 唯《ゆい》一《いつ》□《む》二《に》

ⓐ骨を粉にするように、力の限り努力を惜しまないこと。

ⓑ一生に一度限りの機会や人との出会い。

ⓒこの世の中でたった一つの存在。

ⓓ自我にとらわれず、大きな自然に身を委ねて生きること。

（答えはP.96）

問67の答え

①月・花・ⓑ　②寒・温・ⓐ
③光・ⓓ　④壁・ⓒ

四字熟語 問70

よみがなを頼りに、□に正しい漢字を入れて四字熟語を完成させ、その意味をⓐ〜ⓓから選びましょう。（制限時間：1分）

人間関係を表す四字熟語

① □《い》心《しん》□《でん》心《しん》

② 呉《ご》越《えつ》□《どう》□《しゅう》

③ □《し》面《めん》楚《そ》歌《か》

④ □《ちく》馬《ば》之《の》友《とも》

ⓐ幼ともだち、幼なじみ。

ⓑ周囲を敵に囲まれ、味方がまったくいないこと。

ⓒ仲が悪い者同士、敵と味方が、同じ立場や境遇にいること。

ⓓ文字や言葉を介さなくても、心と心で通じ合うこと。

（答えはP.97）

問68の答え

①言・行・ⓒ　②志・ⓑ　③切・ⓓ
④然・若・ⓐ

四字熟語

問71

よみがなを頼りに、□に正しい漢字を入れて四字熟語を完成させ、その意味をⓐ～ⓓから選びましょう。（制限時間：1分）

人間関係を表す四字熟語

①義《ぎ》理《り》□《にん》情《じょう》

②八方《はっぽう》□《び》人《じん》

③相《そう》□《し》相《そう》□《あい》

④□《わ》□《き》藹藹《あいあい》

ⓐ人が守るべき道理と、他人を思いやる心という、よい人間関係を築くための心構え。

ⓑ心が通じ合って、なごやかな雰囲気が満ちあふれている様子。

ⓒ互いに慕い合い、仲むつまじい間柄。

ⓓ誰に対してもよい顔をして、欠点がないように振る舞うこと。

（答えはP.98）

問69の答え

①期・会・ⓑ　②天・私・ⓓ
③砕・ⓐ　④無・ⓒ

四字熟語

問72

よみがなを頼りに、□に正しい漢字を入れて四字熟語を完成させ、その意味をⓐ～ⓓから選びましょう。（制限時間：1分）

性格を表す四字熟語

① 自《じ》□《ゆう》奔《ほん》□《ぽう》

② 極《ごく》悪《あく》□《ひ》道《どう》

③ 清《せい》廉《れん》□《けっ》□《ぱく》

④ 優《ゆう》□《じゅう》不《ふ》断《だん》

ⓐ周囲を気にせず、自分の思うままに振る舞うさま。

ⓑこのうえなく道理や人の道に反しているさま。

ⓒ何事にもぐずぐずして、判断が遅いさま。

ⓓ心が清く、美しく、やましいところがないさま。

（答えはP.99）

問70の答え

①以・伝・ⓓ　②同・舟・ⓒ

③四・ⓑ　④竹・ⓐ

四字熟語 問73

よみがなを頼りに、□に正しい漢字を入れて四字熟語を完成させ、その意味をⓐ～ⓓから選びましょう。（制限時間：1分）

性格を表す四字熟語

① □《じん》面《めん》獣《じゅう》□《しん》

② □《ゆい》我《が》独《どく》尊《そん》

③ □《た》情《じょう》□《た》恨《こん》

④ 質《しつ》実《じつ》剛《ごう》□《けん》

ⓐこの世で自分ほど尊いものはいないと思うこと。

ⓑ恩義や人情を知らないような、冷酷で道理をわきまえない人のこと。

ⓒものごとに感じやすく、人を恨んだり憎しみの気持ちが深いこと。

ⓓ飾り気がなく真面目で、心身がたくましいこと。

（答えはP.100）

問71の答え

①人・ⓐ　②美・ⓓ　③思・愛・ⓒ
④和・気・ⓑ

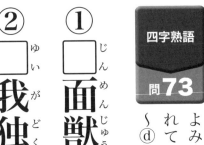

四字熟語 問74

よみがなを頼りに、□に正しい漢字を入れて四字熟語を完成させ、その意味をⓐ～ⓓから選びましょう。（制限時間：1分）

感情を表す四字熟語

① 一《いっ》□《き》一《いち》□《ゆう》

② □《い》気《き》消《しょう》沈《ちん》

③ 感《かん》慨《がい》□《む》量《りょう》

④ □《き》□《しょく》満《まん》面《めん》

ⓐ深く心に感じて、しみじみとした気持ちになること。

ⓑ喜びの感情が顔一面にあふれていること。

ⓒ元気をなくし、気持ちが落ち込むこと。

ⓓ状況の変化に振り回され、喜んだり心配したりすること。

（答えはP.101）

問72の答え

①由・放・ⓐ　②非・ⓑ
③潔・白・ⓓ　④柔・ⓒ

四字熟語

問75

よみがなを頼りに、□に正しい漢字を入れて四字熟語を完成させ、その意味をⓐ～ⓓから選びましょう。（制限時間：1分）

感情を表す四字熟語

①欣《きん》喜《き》雀《じゃく》□《やく》

②□《ほう》腹《ふく》絶《ぜっ》□《とう》

③□《ひ》喜《き》交交《こもごも》

④驚《きょう》天《てん》□《どう》□《ち》

ⓐ世間をあっと驚かせること。

ⓑ悲しみと喜びを交互に味わうこと。悲しみと喜びが入り交じること。

ⓒ喜びのあまり、雀のように飛び跳ねること。

ⓓ腹を抱えて転げ回るように笑うこと。

(答えはP.102)

問73の答え

①人・心・ⓑ　②唯・ⓐ

③多・多・ⓒ　④健・ⓓ

四字熟語 問76

よみがなを頼りに、□に正しい漢字を入れて四字熟語を完成させ、その意味をⓐ～ⓓから選びましょう。（制限時間：1分）

行動を表す四字熟語

① 公《こう》□《めい》正《せい》□《だい》

② 試《し》□《こう》錯《さく》誤《ご》

③ 自《じ》□《ぼう》自《じ》□《き》

④ □《し》離《り》滅《めつ》裂《れつ》

ⓐさまざまな試みをし、失敗を繰り返して、徐々に適切な方法を見い出すこと。

ⓑ公平で私心がなく、態度や行動が正しいこと。

ⓒばらばらで、物事の筋道が立っていないこと。

ⓓ投げやりな行動をして、自分で自分を駄目にすること。

（答えはP.103）

問74の答え

①喜・憂・ⓓ　②意・ⓒ　③無・ⓐ
④喜・色・ⓑ

四字熟語

問77

行動を表す四字熟語

よみがなを頼りに、□に正しい漢字を入れて四字熟語を完成させ、その意味をⓐ～ⓓから選びましょう。（制限時間：1分）

①思慮分□《しりょふんべつ》

②大言□□《たいげんそうご》

③□若□人《ぼうじゃくぶじん》

④臨機□変《りんきおうへん》

ⓐ状況に応じて、適切に行動すること。

ⓑ他人にはおかまいなく、勝手気ままに振る舞うこと。

ⓒできそうにないことでも、威勢よく、おおげさに言うこと。

ⓓよく考え、判断すること。

（答えはP.104）

問75の答え
①躍・ⓒ　②抱・倒・ⓓ　③悲・ⓑ
④動・地・ⓐ

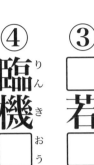

反意語　問78

（　　）の中に、右の言葉と反対の言葉を入れましょう。（制限時間：30秒）

①易しい漢字を使いましょう。
⇕（　　）漢字を使いましょう。

②その仕事では、大きな利益が出ました。
⇕その仕事では、大きな（　　）が出ました。

③来月、定期総会を開きます。
⇕来月、（　　）総会を開きます。

④話し合いは和解しました。
⇕話し合いは（　　）しました。

（答えはP.105）

問76の答え

①明・大・ⓑ　②行・ⓐ
③暴・棄・ⓓ　④支・ⓒ

反意語

問79

（　）の中に、右の言葉と反対の言葉を入れましょう。

（制限時間：30秒）

①薄い味の料理が好きです。

⇕（　　　）味の料理が好きです。

②このチームは守備が得意です。

⇕このチームは（　　　）が得意です。

③すべてを否定的に考える。

⇕すべてを（　　　）的に考える。

④部下が慇懃な態度をとる。

⇕部下が（　　　）な態度をとる。

（答えはP.106）

問77の答え

①別・ⓓ　②壮・語・ⓒ

③傍・無・ⓑ　④応・ⓐ

反意語 問80

（　）の中に、右の言葉と反対の言葉を入れましょう。（制限時間：30秒）

①今期は収入が増えた。
⇕今期は（　　）が増えた。

②あの政治家は保守的だ。
⇕あの政治家は（　　）的だ。

③この事故は故意によるものだ。
⇕この事故は（　　）によるものだ。

④先生に対して謙虚な態度をとる。
⇕先生に対して（　　）な態度をとる。

（答えはP.107）

問78の答え　①難しい　②損失　③臨時　④決裂

反意語

問81

（　）の中に、右の言葉と反対の言葉を入れましょう。（制限時間：30秒）

①具体的な解決策を望んでいる。

⇕（　　）的な理論だけでは解決できない。

②イベントの成功には綿密な計画が必要だ。

⇕（　　）な計画のせいで、イベントは失敗した。

③彼とは親密な間柄だ。

⇕彼とは（　　）な関係になってしまった。

④今度の転勤は左遷だと噂されている。

⇕彼女は仕事が評価されて（　　）した。

（答えはP.108）

問79の答え　①濃い　②攻撃　③肯定　④無礼

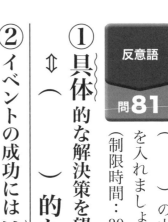

反意語 問82

□に漢字を入れて、反意語を作りましょう。（制限時間：30秒）

① 雨季⇕□季

② □性⇕陰性

③ □断⇕横断

④ 劣等⇕□等

⑤ 傑作⇕□作

⑥ 唯物論⇕唯□論

（答えはP.109）

問80の答え
①支出　②革新　③過失
④横柄／不遜

反意語

問83

□に漢字を入れて、反意語を作りましょう。
（制限時間：30秒）

① 開会⇕□会

② □況⇕不況

③ □場⇕退場

④ 自□⇕自虐

⑤ 中毒⇕□毒

⑥ □作⇕贋作

(答えはP.110)

問81の答え　①抽象　②杜撰　③疎遠　④栄転

同音異字語 問84

□に入る正しい漢字はどちらでしょうか。（制限時間：1分）

①【カ程】（過・課）
成功までの□程が大切だ。

②【カン心】（感・関）
時事問題に□心を寄せる。

③【イ外】（以・意）
彼の□外な面を見た。

④【機カイ】（械・会）
大事な機□を逃すな。

⑤【ショウ明】（照・証）
身分を□明するものを取り出す。

⑥【コウ演】（講・公）
ミュージカルの□演を見に行く。

⑦【コウ意】（好・厚）
日頃のご□意に感謝します。

⑧【不シン】（振・審）
業績不□で悩んでいる。

（答えはP.111）

問82の答え
①乾　②陽　③縦　④優
⑤駄　⑥心

同音異字語 問85

□に入る正しい漢字はどちらでしょうか。（制限時間：1分）

①【露テン】（天・店）
旅館の露□風呂に入る。

②【体セイ】（制・勢）
無理な体□で寝ていた。

③【シン情】（心・真）
主人公の□情を述べなさい。

④【運コウ】（行・航）
バスの運□表を確認する。

⑤【カイ放】（解・開）
公民館は市民に□放されている。

⑥【内ゾウ】（蔵・臓）
携帯電話にカメラが内□されている。

⑦【政ケン】（権・見）
テレビの政□放送を見る。

⑧【カ熱】（過・加）
報道が□熱している。

（答えはP.112）

問83の答え
①閉　②好　③登／出／入
④愛　⑤解　⑥真

同音異字語 問86

□に入る正しい漢字はどちらでしょうか。
（制限時間：1分）

①【イ義】（異・意）
参加することに□義がある。

②【ソウ意】（創・総）
社員の□意で決めました。

③【シ行】（試・施）
□行錯誤を繰り返す。

④【イ動】（異・移）
春は人事□動の季節です。

⑤【終シ】（止・始）
説明会は責任逃れに終□した。

⑥【セイ算】（精・清）
過去を□算して出直したい。

⑦【ショ信】（所・書）
選挙で当選して□信を表明する。

⑧【カイ心】（戒・会）
今回の作品は□心の出来です。

（答えはP.113）

問84の答え

①過　②関　③意　④会
⑤証　⑥公　⑦厚　⑧振

同音異字語 問87

□に入る正しい漢字はどちらでしょうか。
（制限時間：1分）

①【ネン頭】（念・年）
□頭に挨拶をする。

②【一ドウ】（同・堂）
親戚が一□に会する。

③【エイ気】（鋭・英）
□気を養う。

④【別ジョウ】（状・上）
命に別□はないそうだ。

⑤【チン痛】（鎮・沈）
□痛な面持ちであらわれた。

⑥【カイ答】（回・解）
テストの□答を見る。

⑦【対コウ】（抗・向）
次はクラス対□のリレーです。

⑧【イ託】（委・異）
別会社に販売を□託する。

(答えはP.114)

問85の答え

①天　②勢　③心　④行
⑤開　⑥蔵　⑦見　⑧過

同音異字語 問88

□に入る漢字を下から選んで線で結びましょう。（制限時間：1分）

①保□に加入する。
②□康第一に生活する。
③精密□査が必要だ。

検　険　健

④衛□管理に気をつける。
⑤人工衛□をとばす。
⑥将棋の永□名人になった。

星　世　生

⑦扉を□放しておく。
⑧人質を□放する。
⑨□方に向かっている。

快　解　開

⑩□傷に浸っている場合ではない。
⑪趣味は映画□賞です。
⑫部屋に□賞用の植物を置く。

感　鑑　観

（答えはP.114）

問86の答え　①意　②総　③試　④異　⑤始　⑥清　⑦所　⑧会

問88の答え

①保**険**に加入する。
②**健**康第一に生活する。
③精密**検**査が必要だ。

健　険　検

④衛**生**管理に気をつける。
⑤人工衛**星**をとばす。
⑥将棋の永**世**名人になった。

生　世　星

⑦扉を**開**放しておく。
⑧人質を**解**放する。
⑨**快**方に向かっている。

開　解　快

⑩**感**傷に浸っている場合ではない。
⑪趣味は映画**鑑**賞です。
⑫部屋に**観**賞用の植物を置く。

感　鑑　観

問87の答え

①年　②堂　③英　④状
⑤沈　⑥解　⑧抗　⑨委

同音異字語 問89

□に入る漢字を下から選んで線で結びましょう。（制限時間：1分）

①幼児を対□にしたイベント。
②左右対□に並べてください。
③両者の違いを比較対□する。

照　象　称

④軌道を□正する。
⑤暗いところを好む□性。
⑥恩師のことは□世忘れない。

終　習　修

⑦□少価値がある。
⑧□象の変化が激しい。
⑨明日は七時□床です。

起　希　気

⑩彼はとても□格がいい。
⑪彼は時間に□確だ。
⑫□確な調査で詳細が明らかになった。

正　性　精

（答えはP.116）

問89
の答え

①幼児を対象にしたイベント。
②左右対称に並べてください。
③両者の違いを比較対照する。

照　象　称

⑦希少価値がある。
⑧気象の変化が激しい。
⑨明日は七時起床です。

起　希　気

④軌道を修正する。
⑤暗いところを好む習性。
⑥恩師のことは終世忘れない。

終　習　修

⑩彼はとても性格がいい。
⑪彼は時間に正確だ。
⑫精確な調査で詳細が明らかになった。

正　性　精

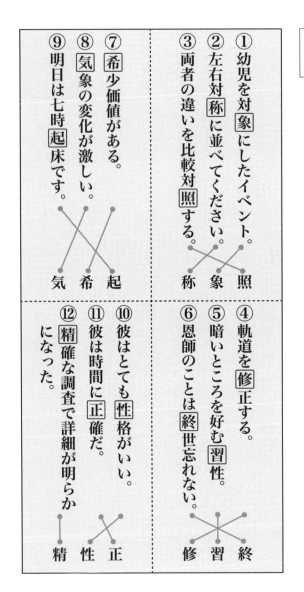

同音異字語 問90

□に入る漢字を下から選んで線で結びましょう。（制限時間：1分）

①次の□示を待つように。
②多くの人に□持されている。
③偉大な先生に□事していた。

指　支　師

④□巧にできているおもちゃ。
⑤□功までの道のりは遠い。
⑥消費□向を調べている。

成　精　性

⑦検□の余地はある。
⑧見□違いもはなはだしい。
⑨選手の健□をたたえる。

闘　討　当

⑩損害を補□する。
⑪品質を保□する。
⑫安全保□について考える。

障　償　証

（答えはP.118）

問90
の答え

①次の**指**示を待つように。
②多くの人に**支**持されている。
③偉大な先生に**師**事していた。

指　支　師

④**精**巧にできているおもちゃ。
⑤**成**功までの道のりは遠い。
⑥消費**性**向を調べている。

成　精　性

⑦検**討**の余地はある。
⑧見**当**違いもはなはだしい。
⑨選手の健**闘**をたたえる。

闘　討　当

⑩損害を補**償**する。
⑪品質を保**証**する。
⑫安全保**障**について考える。

障　償　証

同訓異字語 問91

□に入る正しい漢字はどちらでしょうか。
（制限時間：1分）

①【あ（う）】（会・合）
友だちと□う約束をした。

②【さ（める）】（覚・冷）
酔いが□めてから帰ります。

③【か（く）】（書・描）
絵を□くのが得意です。

④【かた（く）】（固・硬）
緊張から表情が□くなっている。

⑤【き（く）】（利・効）
だんだん薬が□いてきたようだ。

⑥【こた（える）】（答・応）
期待に□えられるよう努力する。

⑦【み（る）】（観・診）
医者に□てもらった方がいい。

⑧【はか（る）】（諮・謀）
会議に□って決めよう。

（答えはP.121）

同訓異字語

問92

□に入る正しい漢字はどちらでしょうか。

（制限時間：1分）

①【ただ（す）】（質・正）

それが事実かどうか問い□した。

②【あ（く）】（開・空）

□いている席に座った。

③【あたた（かい）】（温・暖）

□かいスープを飲んだ。

④【おく（れ）】（遅・後）

つい気□れしてしまう。

⑤【こ（らす）】（懲・凝）

目を□らして遠くの山を見る。

⑥【か（ける）】（掛・懸）

命を□けて子どもを守った。

⑦【し（める）】（絞・締）

気を引き□めていきましょう。

⑧【た（える）】（耐・絶）

つらい練習にどうにか□えた。

（答えはP.122）

同訓異字語 問93

□に入る正しい漢字はどちらでしょうか。（制限時間：1分）

①【もと】（基・元）
本を□の場所に戻してください。

②【つと（める）】（勤・務）
会社に定年まで□めました。

③【なお（す）】（直・治）
早く風邪を□してください。

④【たず（ねる）】（訪・尋）
久しぶりに旧友を□ねた。

⑤【そな（える）】（備・供）
仏壇に菓子を□える。

⑥【やぶ（れる）】（敗・破）
試合に惜しくも□れた。

⑦【さ（く）】（裂・割）
時間を□いていただいて恐縮です。

⑧【あやま（る）】（謝・誤）
きちんと□りに行ってきます。

（答えはP.123）

問91の答え

①会	②覚	③描	④硬
⑤効	⑥応	⑦診	⑧諮

同訓異字語

問94

□に入る正しい漢字はどちらでしょうか。
（制限時間：1分）

①【お（す）】（推・押）
次の班長には彼を□そうと思う。

②【つ（ける）】（付・点）
部屋の電気を□けてください。

③【と（く）】（溶・解）
水で□いた片栗粉を使います。

④【の（びる）】（伸・延）
会議が□びて待ち合わせに遅れた。

⑤【ととの（える）】（調・整）
最後に塩で味を□えます。

⑥【ひ（く）】（引・弾）
ピアノを□くのが得意です。

⑦【さわ（る）】（触・障）
夜ふかしはからだに□ります。

⑧【のぞ（む）】（望・臨）
大学進学を□んでいる。

(答えはP.124)

問92の答え

①質　②空　③温　④後
⑤凝　⑥懸　⑦締　⑧耐

同訓異字語 問95

□に入る正しい漢字はどちらでしょうか。（制限時間：1分）

①【たま】（玉・球）
テニス部に入ったのに□拾いばかりだ。

②【と（まる）】（止・泊）
温泉宿に一晩□まった。

③【と（る）】（採・撮）
写真を□ってもいいですか？

④【かえ（る）】（返・帰）
無くなった自転車が□ってきた。

⑤【やさ（しい）】（易・優）
先生はいつも生徒に□しく接する。

⑥【は（る）】（張・貼）
腰に湿布を□る。

⑦【はな（す）】（離・放）
稚魚を川へ□しました。

⑧【す（る）】（刷・擦）
このチラシは何部□りますか？

（答えはP.125）

問93の答え
①元 ②勤 ③治 ④訪
⑤供 ⑥敗 ⑦割 ⑧謝

同訓異字語 問96

□に入る正しい漢字はどちらでしょうか。
（制限時間：1分）

①【あ（げる）】（揚・挙）
母さんが天ぷらを□げています。

②【やわ（らぐ）】（柔・和）
祖父の表情が□らいだ。

③【まぎ（れる）】（紛・粉）
闇に□れて逃げる。

④【おさ（める）】（収・納）
税金を正しく□めましょう。

⑤【の（る）】（載・乗）
この記事はどの雑誌に□っていたの？

⑥【あら（い）】（荒・粗）
セーターの編み目が□い。

⑦【おもむ（く）】（赴・趣）
新しい勤務地へ□く。

⑧【う（む）】（生・産）
利益を□みたいと思います。

（答えはP.126）

問94の答え

①推	②点	③溶	④延
⑤調	⑥弾	⑦障	⑧望

難読漢字 問97

生き物の漢字

次の生き物の名前を読んでみましょう。
（制限時間：1分）

①山羊
②海豹
③河豚
④雲雀
⑤梟
⑥孑孑
⑦海獺
⑧栗鼠
⑨栄螺

（答えはP.127）

問95の答え
①球 ②泊 ③撮 ④返
⑤優 ⑥貼 ⑦放 ⑧刷

難読漢字

問98

次の生き物の名前を読んでみましょう。
（制限時間：1分）

①海豚	④水母	⑦河馬
②麒麟	⑤蝙蝠	⑧海星
③百舌	⑥蜥蜴	⑨熊猫

（答えはP.128）

問96の答え

①揚　②和　③紛　④納
⑤載　⑥粗　⑦赴　⑧生

難読漢字

問99

次の植物の名前を読んでみましょう。

（制限時間：1分）

植物の漢字

①百合

②薔薇

③土筆

④向日葵

⑤隠元豆

⑥桔梗

⑦紫陽花

⑧秋桜

⑨仙人掌

(答えはP.129)

問97の答え

①やぎ ②あざらし ③ふぐ
④ひばり ⑤ふくろう ⑥ぼうふら
⑦らっこ ⑧りす ⑨さざえ

生き物の漢字

難読漢字

問100

次の植物の名前を読んでみましょう。（制限時間：１分）

①林檎

②蒲公英

③撫子

④団栗

⑤柚子

⑥葡萄

⑦鬼灯

⑧独活

⑨柘榴

（答えはP.130）

問98の解答

①いるか　②きりん　③もず
④くらげ　⑤こうもり　⑥とかげ
⑦かば　⑧ひとで　⑨ぱんだ

難読漢字 問101

次の外来語の漢字を読んでみましょう。（制限時間：1分）

外来語の漢字

①珈琲

②釦

③曹達

④扁桃

⑤亜米利加

⑥牛酪

⑦露西亜

⑧麦酒

⑨喇叭

（答えはP.131）

問99の答え

①ゆり　②ばら　③つくし

④ひまわり　⑤いんげんまめ　⑥ききょう

⑦あじさい　⑧こすもす　⑨さぼてん

難読漢字

問102

外来語の漢字

次の外来語の漢字を読んでみましょう。
（制限時間：1分）

①硝子	④倶楽部	⑦基督
②亜細亜	⑤合羽	⑧火酒
③角灯	⑥仏蘭西	⑨木乃伊

（答えはP.132）

問100の答え

①りんご	②たんぽぽ	③なでしこ
④どんぐり	⑤ゆず	⑥ぶどう
⑦ほおずき	⑧うど	⑨ざくろ

間違えやすい漢字 問103

次の文章の中で間違っている漢字を探し、正しい漢字に直しましょう。（制限時間：２分）

①苦況に立たされる。

②選択を謝った。

③合づちを打つ。

④胃に異和感をおぼえる。

⑤成積が上がった。

⑥価値感が違う。

⑦多勢の人でにぎわっている。

⑧まだ若冠二十歳らしい。

⑨お世事が上手だ。

(答えはP.133)

問101の答え

①コーヒー	②ボタン	③ソーダ
④アーモンド	⑤アメリカ	⑥バター
⑦ロシア	⑧ビール	⑨ラッパ

間違えやすい漢字

問104

次の文章の中で間違っている漢字を探し、正しい漢字に直しましょう。
（制限時間：２分）

①専問家によって議論される。

②取り付く暇もない。

③左右対象になるように並べる。

④どうやら気嫌が悪いようだ。

⑤夏休みに集中講議を受けた。

⑥今後は君の歳量に任せる。

⑦親不幸ばかりしている。

⑧怒り心頭に達した。

⑨混乱して収集がつかない。

(答えはP.134)

問102の答え

①ガラス	②アジア	③ランタン
④クラブ	⑤カッパ	⑥フランス
⑦キリスト	⑧ウイスキー	⑨ミイラ

間違えやすい漢字 問105

次の文章の中で間違っている漢字を探し、正しい漢字に直しましょう。（制限時間：２分）

①ちょうどいい安梅だ。

②勝ったからって、有頂点になるな。

③講演会で自論を述べた。

④俺は気粋の江戸っ子だ。

⑤間一発で間に合った。

⑥顔に苦脳の色を浮かべている。

⑦昨夜は撤夜した。

⑧雪道は除行運転しましょう。

⑨そのジャケット、素摘ですね。

(答えはP.135)

問103の答え

①✖況→○境　②✖謝→○誤　③✖合→○相
④✖異→○違　⑤✖積→○績　⑥✖感→○観
⑦✖多→○大　⑧✖若→○弱　⑨✖事→○辞

間違えやすい漢字

問106

次の文章の中で間違っている漢字を探し、正しい漢字に直しましょう。(制限時間：2分)

①見得をはる必要はない。

②野性の狼を飼育する。

③彼女はまだ未青年だ。

④彼はすっかり更正した。

⑤教師の関心を買う。

⑥弱根を吐く。

⑦後認には係長補佐を充てた。

⑧この洋服は既成品です。

⑨各国の主脳が集まる。

(答えはP.136)

問104の答え

①×問→○門　②×暇→○島　③×象→○称
④×気→○機　⑤×議→○義　⑥×歳→○裁
⑦×幸→○孝　⑧×達→○発　⑨×集→○拾

間違えやすい漢字 問107

□に入る漢字を下の（　）から選びましょう。（制限時間：1分）

① 和洋折□（中・衷）

② 単□明快（純・順）

③ □和雷同（不・付）

④ □果応報（引・因）

⑤ □刀直入（単・短）

⑥ 内憂外□（喚・患）

（答えはP.137）

問105の答え

①×安→○塩　②×点→○天　③×自→○持
④×気→○生　⑤×発→○髪　⑥×脳→○悩
⑦×撤→○徹　⑧×除→○徐　⑨×摘→○敵

間違えやすい漢字

問108

□に入る漢字を下の（　）から選びましょう。

（制限時間：1分）

① 起□転結（生・承）

② 一朝一□（斥・夕）

③ 責任転□（嫁・加）

④ 無我□中（夢・霧）

⑤ 油□大敵（談・断）

⑥ □路整然（理・利）

（答えはP.138）

問106の答え

①✕得→〇栄　②✕性→〇生　③✕青→〇成

④✕正→〇生　⑤✕関→〇歓　⑥✕根→〇音

⑦✕認→〇任　⑧✕成→〇製　⑨✕主→〇首

間違えやすい漢字

問109

次の熟語を正しく読んでみましょう。
（制限時間：1分）

①市井	④行脚	⑦境内
②流布	⑤壊死	⑧会釈
③言質	⑥八百長	⑨建立

（答えはP.140）

問107の答え
①衷 ②純 ③付
④因 ⑤単 ⑥患

間違えやすい漢字 問110

次の熟語を正しく読んでみましょう。
（制限時間：1分）

① 所以
② 月極
③ 功徳
④ 相殺
⑤ 供養
⑥ 華奢
⑦ 遵守
⑧ 支度
⑨ 茶飯事

(答えはP.141)

問108の答え

①承　②夕　③嫁
④夢　⑤断　⑥理

第2部

漢字パズル

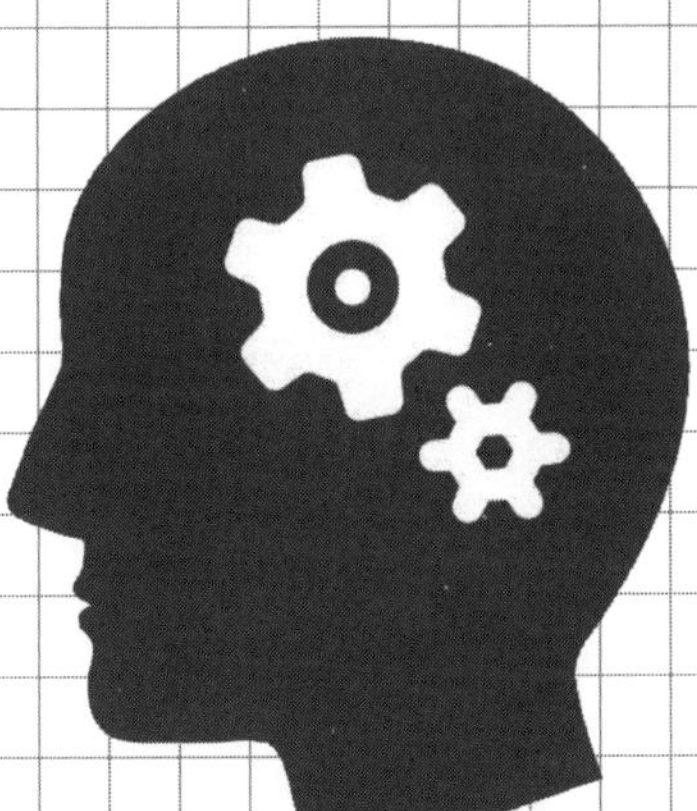

同じ漢字探し

問111

レベル 1

同じ漢字を探しましょう。

（制限時間：30秒）

住	付	他	伝
仁	使	仕	何
侍	仲	位	休
付	代	例	住

(答えはP.142)

問109 の答え

①しせい　②るふ　③げんち　④あんぎゃ
⑤えし　⑥やおちょう　⑦けいだい
⑧えしゃく　⑨こんりゅう／けんりつ

同じ漢字探し

問112

レベル 1

同じ漢字を探しましょう。
（制限時間：30秒）

材	枝	柱	枯
板	札	杉	杖
枚	林	松	枝
柿	杯	枕	枠

(答えはP.143)

問110の答え

①ゆえん　②つきぎめ　③くどく
④そうさい　⑤くよう　⑥きゃしゃ
⑦じゅんしゅ　⑧したく　⑨さはんじ

同じ漢字探し

問113

レベル1

同じ漢字を探しましょう。
（制限時間：30秒）

隆	陵	階	隅
随	隋	隊	陽
隈	隔	隙	隠
際	障	隣	陵

(答えはP.144)

問111の答え

住	付	他	伝
仁	使	仕	何
侍	仲	位	休
付	代	例	住

同じ漢字探し

問114

レベル 1

同じ漢字を探しましょう。
（制限時間：30秒）

油	法	沢	江
派	沼	波	洋
洋	海	河	没
活	泳	津	治

（答えはP.145）

問112の答え

材	枝（○）	柱	枯
板	札	杉	杖
校	林	松	枝（○）
柿	杯	枕	枠

同じ漢字探し

問115

レベル1

同じ漢字を探しましょう。

（制限時間：30秒）

込	辺	迅	速
迎	返	迫	送
逆	退	述	迷
逝	造	速	近

(答えはP.146)

問113の答え

隆	陵	階	隅
随	隋	隊	陽
隈	隔	隙	隠
際	障	隣	陵

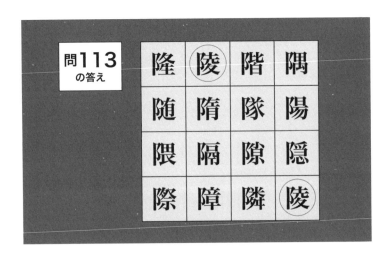

同じ漢字探し

問116

レベル 1

同じ漢字を探しましょう。

（制限時間：30秒）

頂	題	頭	順
領	項	顔	類
額	須	願	頃
頼	頭	顧	預

（答えはP.147）

問114の答え

油	法	沢	江
派	沼	波	○洋
○洋	海	河	没
活	泳	津	治

同じ漢字探し

問117

レベル1

同じ漢字を探しましょう。

（制限時間：30秒）

遇	遂	達	遺
遅	道	遍	遊
遣	遠	違	適
選	遺	避	過

(答えはP.148)

問115の答え

込	辺	迅	速
迎	返	迫	送
逆	退	述	迷
逝	造	速	近

同じ漢字探し

問118

レベル 1

同じ漢字を探しましょう。

（制限時間：30秒）

囚	回	園	囲
国	団	因	図
困	囚	固	囮
圏	圀	四	口

(答えはP.149)

問116 の答え

頂	題	頭	順
領	項	顔	類
額	須	願	頃
頼	頭	顧	預

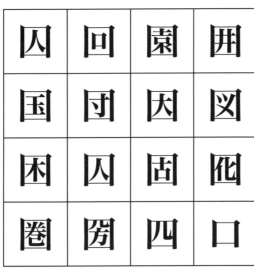

同じ漢字探し

問119

レベル 1

同じ漢字を探しましょう。

(制限時間：30秒)

刷	刺	制	刻
利	到	削	則
剣	剛	剤	剖
副	刻	割	創

(答えはP.150)

問117の答え

遇	遂	達	遣
遅	道	遍	遊
遣	遠	違	適
選	遺	避	過

同じ漢字探し

問120

レベル 1

同じ漢字を探しましょう。

（制限時間：30秒）

苗	菊	荒	華
草	芋	茂	茶
芽	菓	芝	荷
華	芸	英	若

（答えはP.151）

問118 の答え

囚	回	園	囲
国	団	因	図
困	囚	固	囮
圏	圀	四	口

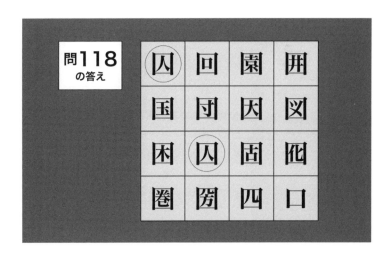

同じ漢字探し

問121

レベル 1

同じ漢字を探しましょう。

（制限時間：30秒）

妨	妙	姓	娘
姑	姻	妹	姥
始	姪	姫	娩
娯	姉	娘	妖

(答えはP.152)

問119の答え

刷	刺	制	刻
刹	到	削	則
剣	剛	剤	剖
副	刻	割	創

同じ漢字探し

問122

レベル 1

同じ漢字を探しましょう。

（制限時間：30秒）

点	焦	煮	烈
無	熊	熟	熱
熱	焉	然	照
鳥	為	燕	煎

(答えはP.153)

問120 の答え

苗	菊	荒	華（○）
草	芋	茂	茶
芽	菓	芝	荷
華（○）	芸	英	若

同じ漢字探し

問123

レベル 1

同じ漢字を探しましょう。（制限時間：30秒）

紘	紀	級	糾
紅	約	紆	紗
紙	純	紐	納
紛	紡	紋	紆

(答えはP.154)

問121 の答え

妨	妙	姓	娘（○）
姑	姻	妹	姥
始	姪	姫	娩
娯	姉	娘（○）	妖

同じ漢字探し

問124

レベル2

同じ漢字を探しましょう。

（制限時間：1分）

距	趾	蹉	躅	蹄
跋	跡	趺	蹴	蹟
跏	路	蹊	躓	踊
蹴	踏	蹂	跳	蹐
跣	跨	躍	跖	踵

(答えはP.155)

問122 の答え

点	焦	煮	烈
無	熊	熟	熱
熱	焉	然	照
烏	為	燕	煎

同じ漢字探し

問125

レベル2

同じ漢字を探しましょう。
（制限時間：1分）

綾	緑	綸	練	縁
緩	縄	線	緞	締
編	緯	縞	縦	縛
縫	緻	繍	維	縮
績	織	繕	繰	繍

(答えはP.156)

問123の答え

紘	紀	級	糾
紅	約	紆（○）	紗
紙	純	紐	納
紛	紡	紋	紆（○）

同じ漢字探し

問126

レベル2

同じ漢字を探しましょう。

（制限時間：1分）

霧	霪	雹	零	電
霜	霊	露	需	雫
霰	靄	雷	雰	雲
霹	霎	霞	霰	靂
霍	霆	霙	震	雪

(答えはP.156)

問124の答え

距	趾	蹉	躅	蹄
跋	跡	跌	蹴	蹟
跏	路	蹊	躓	踊
蹴	踏	蹂	跳	蹐
跣	跨	躍	跖	踵

問125 の答え

綾	緑	綸	練	縁
緩	縄	線	緞	締
編	緯	縞	縦	縛
縫	緻	繍	維	縮
績	織	繕	繰	繍

問126 の答え

霧	霪	雹	零	電
霜	霊	露	需	雫
霰	靄	雷	雰	雲
霹	霻	霞	霰	靂
霍	霆	霙	震	雪

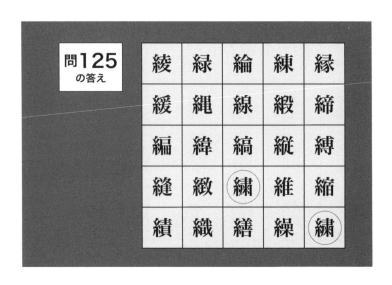

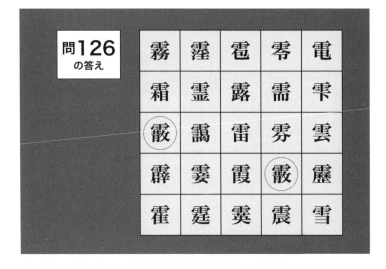

コラム

漢字学習は優れた脳トレーニング

脳の頭頂連合《とうちょうれんごう》野《や》の「角回《かくかい》」と呼ばれる部分は、後頭葉《こうとうよう》（視覚の処理をする）と側頭葉《そくとうよう》（意味の処理をする）と頭頂葉《とうちょうよう》（動きの処理をする）の境目にあって、**視覚**、**聴覚**、**動き**を統合している場所です。

漢字は視覚情報、意味情報、動きの情報（書き順）を含むので、漢字を覚えるときには角回がよく働きます。日本人は漢字学習によってこの部分が鍛えられているので、アルファベットなどだけを使う人々より**図形的な記憶**に優れているとする説もあります。

漢字を覚える場合には、まず全体を「**よく見る**」ことが重要です。次に、手を動かして「**よく書く**」こと。さらに、覚えた漢字を思い出すなどして「**よくイメージする**」こと。これらの一連の動きによって、漢字は記憶に定着します。ですから、漢字学習は脳トレーニングという観点から見て、たいへん有効なものと言えます。

鏡文字間違い探し

問127

レベル 1

鏡文字になっています。それぞれ間違っている漢字を探して、正しい漢字に直しましょう。

（制限時間：30秒）

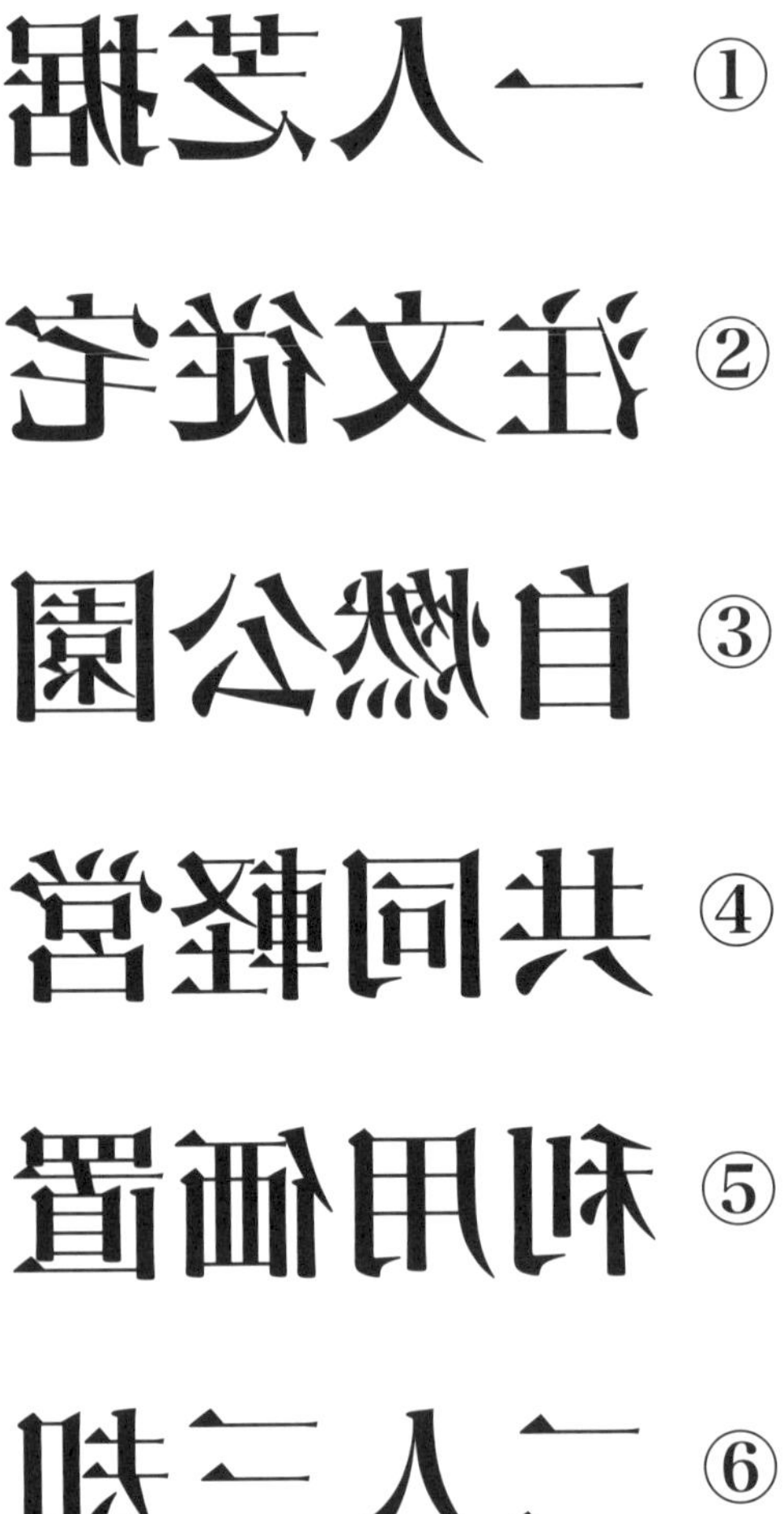

(答えはP.160)

鏡文字 間違い探し

問128

レベル 1

鏡文字になっています。それぞれ間違っている漢字を探して、正しい漢字に直しましょう。

（制限時間：30秒）

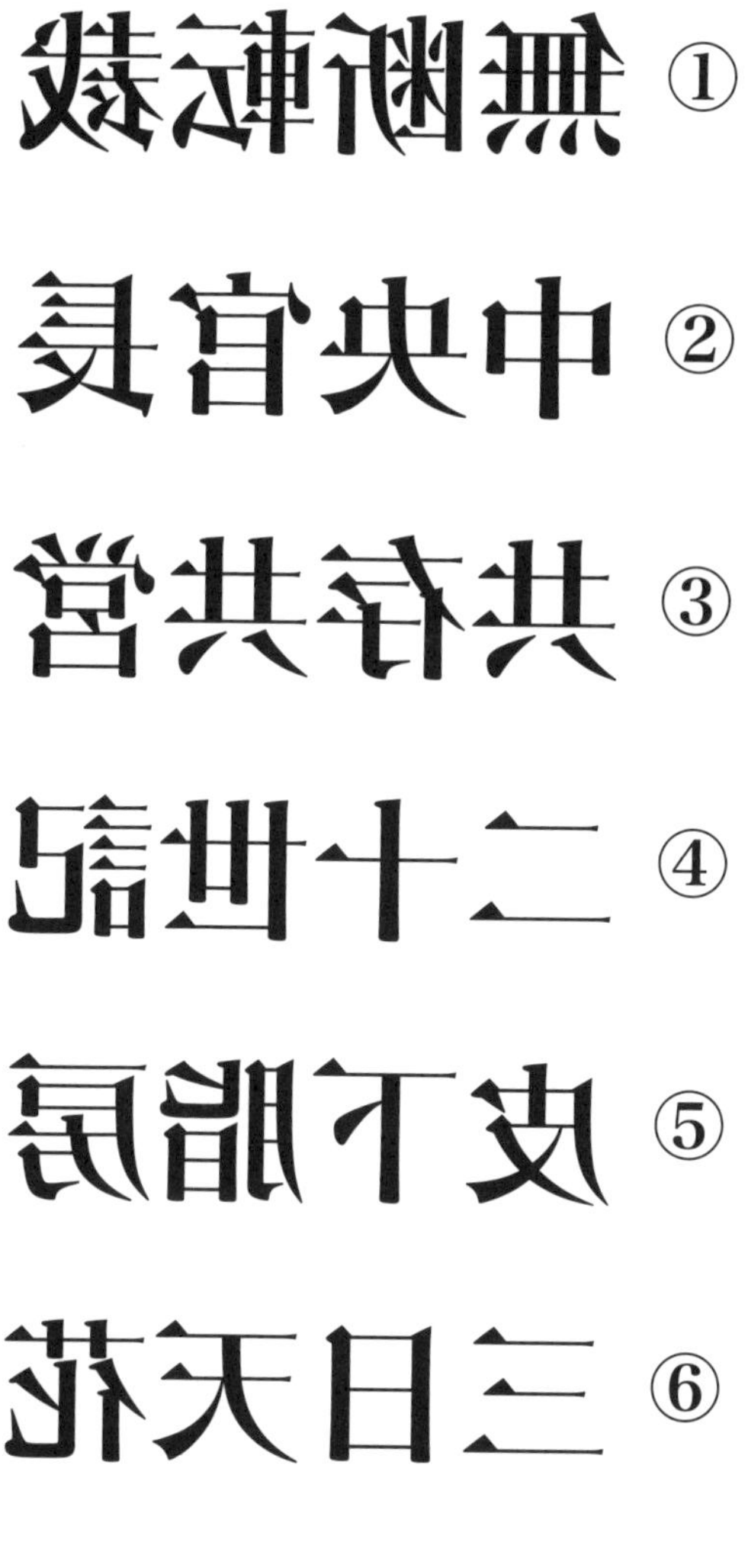

（答えはP.161）

鏡文字 間違い探し

問129

レベル 1

鏡文字になっています。それぞれ間違っている漢字を探して、正しい漢字に直しましょう。（制限時間：30秒）

① 免責時項

② 交喚留学

③ 本対価格

④ 年金手張

⑤ 番組観監

⑥ 生活空問

（答えはP.162）

問127の答え

①✕据→〇居　②✕従→〇住
③✕燃→〇然　④✕軽→〇経
⑤✕置→〇値　⑥✕却→〇脚

鏡文字 間違い探し

問130

レベル 1

鏡文字になっています。それぞれ間違っている漢字を探して、正しい漢字に直しましょう。

（制限時間：30秒）

① 沖縄諸島

② 営業利益

③ 宇宙遊泳

④ 健康寿命

⑤ 鉄道警察

⑥ 草食動物

(答えはP.163)

問128の答え

①✕裁→〇載	②✕長→〇庁
③✕営→〇栄	④✕記→〇紀
⑤✕房→〇肪	⑥✕花→〇下

鏡文字間違い探し

問131

レベル 1

鏡文字になっています。それぞれ間違っている漢字を探して、正しい漢字に直しましょう。

（制限時間：30秒）

① 流通貨弊

② 確定甲告

③ 社会保章

④ 淡水化物

⑤ 晋通預金

⑥ 一日一喜

(答えはP.164)

問129の答え

①×時→○事　②×喚→○換
③×対→○体　④×張→○帳
⑤×監→○覧　⑥×問→○間

鏡文字
間違い探し

問132

レベル2

鏡文字になっています。それぞれ間違っている漢字を探して、正しい漢字に直しましょう。

（制限時間：30秒）

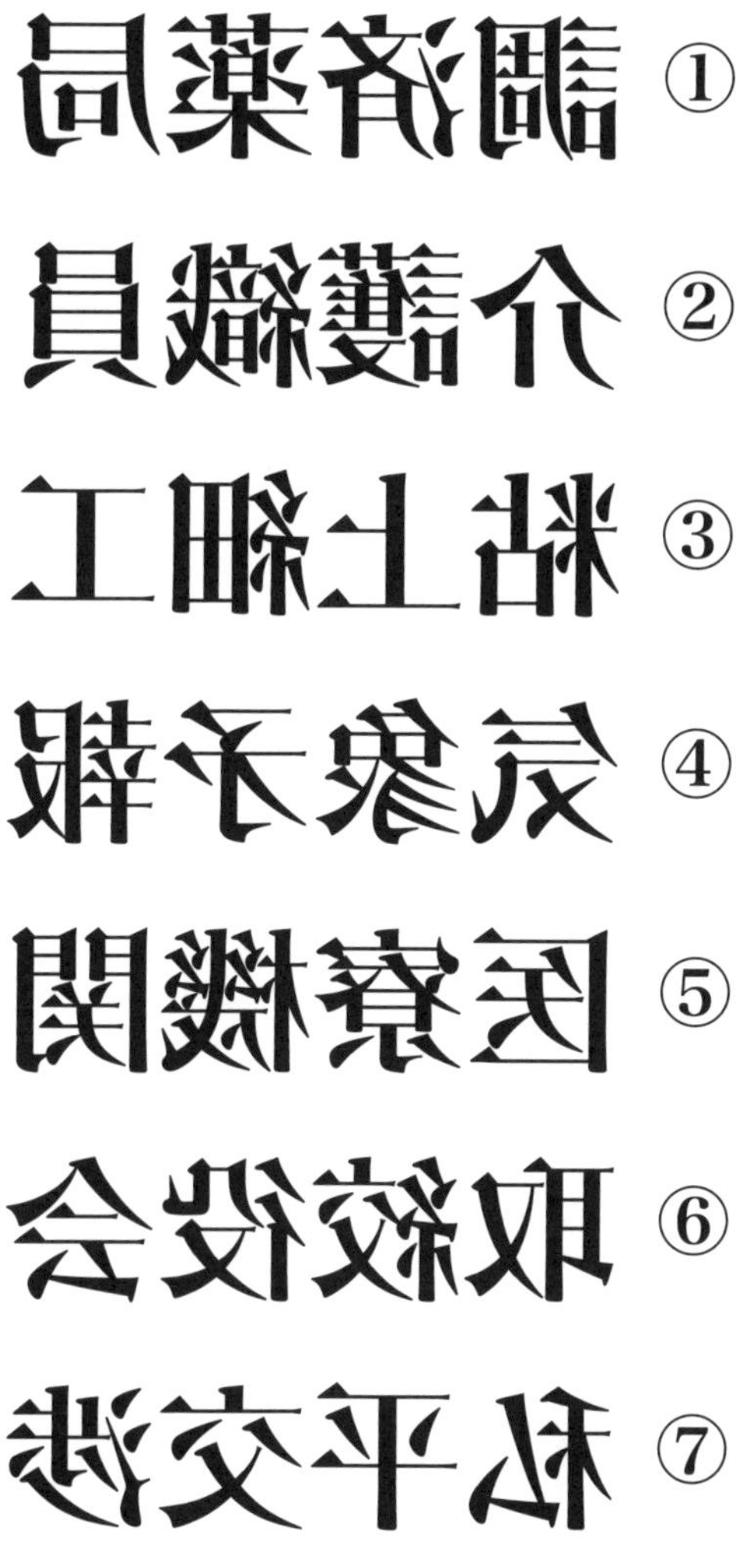

（答えはP.165）

問130の答え

①×蝿→○縄	②×俐→○利
③×字→○宇	④×建→○健
⑤×祭→○察	⑥×色→○食

鏡文字 間違い探し

問133

レベル2

鏡文字になっています。それぞれ間違っている漢字を探して、正しい漢字に直しましょう。

（制限時間：30秒）

① 定期講読

② 相僕部屋

③ 景気回椱

④ 立候捕者

⑤ 夫婦茶腕

⑥ 延帯料金

⑦ 渡航履暦

（答えはP.166）

問131の答え

①✕弊→○幣　②✕甲→○申
③✕章→○障　④✕淡→○炭
⑤✕晋→○普　⑥✕喜→○善

コラム

漢字は手で書いて覚えよう

脳トレーニングの目的は、一言で言うと脳の老化を防止することです。そのためには、**考える力や記憶力などに強くかかわる脳の「前頭《ぜんとう》葉《よう》」を大いに刺激することが必要です。**

漢字を学習するときには、まず繰り返し書いて覚えますが、その漢字がどんな漢字なのかをよく見て、考えつつ、手を動かしながら書きますね。これがこの前頭葉の多くの領域を活性化させるのです。

同じ「手を動かす」作業でも、たとえば手紙をメールで打つ場合と手書きする場合では、脳の活動に違いがあることがわかっています。両者を比較すると、手書きする場合のほうが、左前頭葉が活発に活動します。要するに、漢字を覚えるときに、**実際に手を動かして書くことが脳をトレーニングするのにとてもよい**ということです。本書の漢字の書き取り問題も、ぜひ実際に書いてチャレンジしてください。

問132の答え

①×済→○剤　②×織→○職　③×上→○土
④×矛→○予　⑤×寮→○療　⑥×絞→○締
⑦×私→○和

並べかえ推理漢字
問134
レベル1

ヒントをもとに文字を並べかえ、その漢字を書きましょう。
（制限時間：30秒）

ヒント

- 地熱
- 健康増進
- 地下水

んんおせ

↓

（　　　　　　）

（答えはP.168）

問133の答え

①×講→○購　②×僕→○撲　③×複→○復
④×捕→○補　⑤×腕→○碗　⑥×帯→○滞
⑦×暦→○歴

並べかえ
推理漢字
問135
レベル 1

ヒントをもとに文字を並べかえ、その漢字を書きましょう。
（制限時間：30秒）

ヒント
- 雑誌
- 年4回

きんか

↓

（　　　　　）

（答えはP.169）

並べかえ推理漢字

問136

レベル 1

ヒントをもとに文字を並べかえ、その漢字を書きましょう。

（制限時間：30秒）

ヒント

・塩漬け
・赤やピンクの色

こめたんい

↓

（　　　　　　）

(答えはP.170)

問134の答え　温泉（おんせん）

並べかえ推理漢字 問137

レベル 1

ヒントをもとに文字を並べかえ、その漢字を書きましょう。

（制限時間：30秒）

ヒント

- 本業以外のこと
- 趣味

うどくら

↓

（　　　　　）

(答えはP.171)

問135の答え 季刊（きかん）

並べかえ推理漢字

問138

レベル 1

ヒントをもとに文字を並べかえ、その漢字を書きましょう。

（制限時間：30秒）

ヒント

- 夜
- 供える
- お米でつくる

きみごだつん

↓

（　　　　　　　）

(答えはP.172)

問136の答え　明太子（めんたいこ）

並べかえ推理漢字

問139

レベル 1

ヒントをもとに文字を並べかえ、その漢字を書きましょう。

（制限時間：30秒）

ヒント

- 災難
- お祓《はら》い

どくしや

↓

（　　　　　）

（答えはP.173）

問137の答え　道楽（どうらく）

並べかえ推理漢字

問140

レベル1

ヒントをもとに文字を並べかえ、その漢字を書きましょう。

（制限時間：30秒）

ヒント

- 歩いて通れない
- 渋滞

うそどこくろう

↓

（　　　　　　）

(答えはP.174)

問138の答え　月見団子（つきみだんご）

並べかえ推理漢字

問141

レベル1

ヒントをもとに文字を並べかえ、その漢字を書きましょう。

（制限時間：30秒）

ヒント

・修行
・宗教

んだきじ

（　　　　　　）

(答えはP.175)

問139の答え 厄年（やくどし）

並べかえ
推理漢字

問142

レベル 1

ヒントをもとに文字を並べかえ、その漢字を書きましょう。
（制限時間：30秒）

ヒント

・古代
・兵士
・万葉集

もさりき

↓

（　　　　　）

(答えはP.176)

問140の答え　高速道路（こうそくどうろ）

並べかえ推理漢字

問143

レベル 1

ヒントをもとに文字を並べかえ、その漢字を書きましょう。

（制限時間：30秒）

ヒント

・通信

・小型

わいでたいんけ

↓

（　　　　　　）

(答えはP.177)

問141の答え 断食（だんじき）

並べかえ推理漢字

問144

レベル2

ヒントをもとに文字（1文字欠けています）を並べかえ、その漢字を書きましょう。（制限時間：30秒）

ヒント

- 違反に対して
- 国家行為
- 圧力

いけせいいさ□い

（　　　　　　）

(答えはP.178)

問142の答え　防人（さきもり）

並べかえ
推理漢字
問 145
レベル 2

ヒントをもとに文字（1文字欠けています）を並べかえ、その漢字を書きましょう。（制限時間：30秒）

ヒント
- 無駄
- 議論
- 一方的な終わり

う□んうもよむ

↓

（　　　　　）

(答えはP.179)

問143の答え 携帯電話（けいたいでんわ）

並べかえ推理漢字
問146
レベル2

ヒントをもとに文字（1文字欠けています）を並べかえ、その漢字を書きましょう。（制限時間：30秒）

ヒント

- 全国に取引所
- 金融
- 売買

じうかしょしき□

（　　　　　　）

（答えはP.180）

問144の答え 経済制裁（けいざいせいさい）

コラム

記憶力を高めるには情報の「入出力」が重要

記憶力を高めるには、情報を「入れる」ことだけでなく、情報を「**出す**」作業こそ大切です。脳は情報の「入出力（出し入れ）」をひんぱんに繰り返し行うことで、神経細胞間の情報伝達効率がアップし、記憶のネットワークができやすくなるのです。

漢字学習において「出す」作業とは、覚えた漢字を「**書いてみること**」、また「**声に出して読んでみる**」ことです。書くことで、目から情報が入力され、声に出すことで、耳から情報が入力されます。つまり、こうすることで、**出力したものがまた入力されるという循環**を生みます。これが記憶の定着に大切なのです。

さらに、「**繰り返し**」も重要です。たとえば覚えたことわざや四字熟語など、覚えたものをそれきりにせず、日常でひんぱんに繰り返し使うことによって記憶力は高められます。覚えたものは、意識して使うようにしてみましょう。

問145の答え　問答無用（もん[ど]うむよう）

二字熟語クロス

問147

レベル 1

中央の□に共通する漢字を入れて、熟語を作りましょう。熟語は矢印（↓）の方向に読みます。（制限時間：1分）

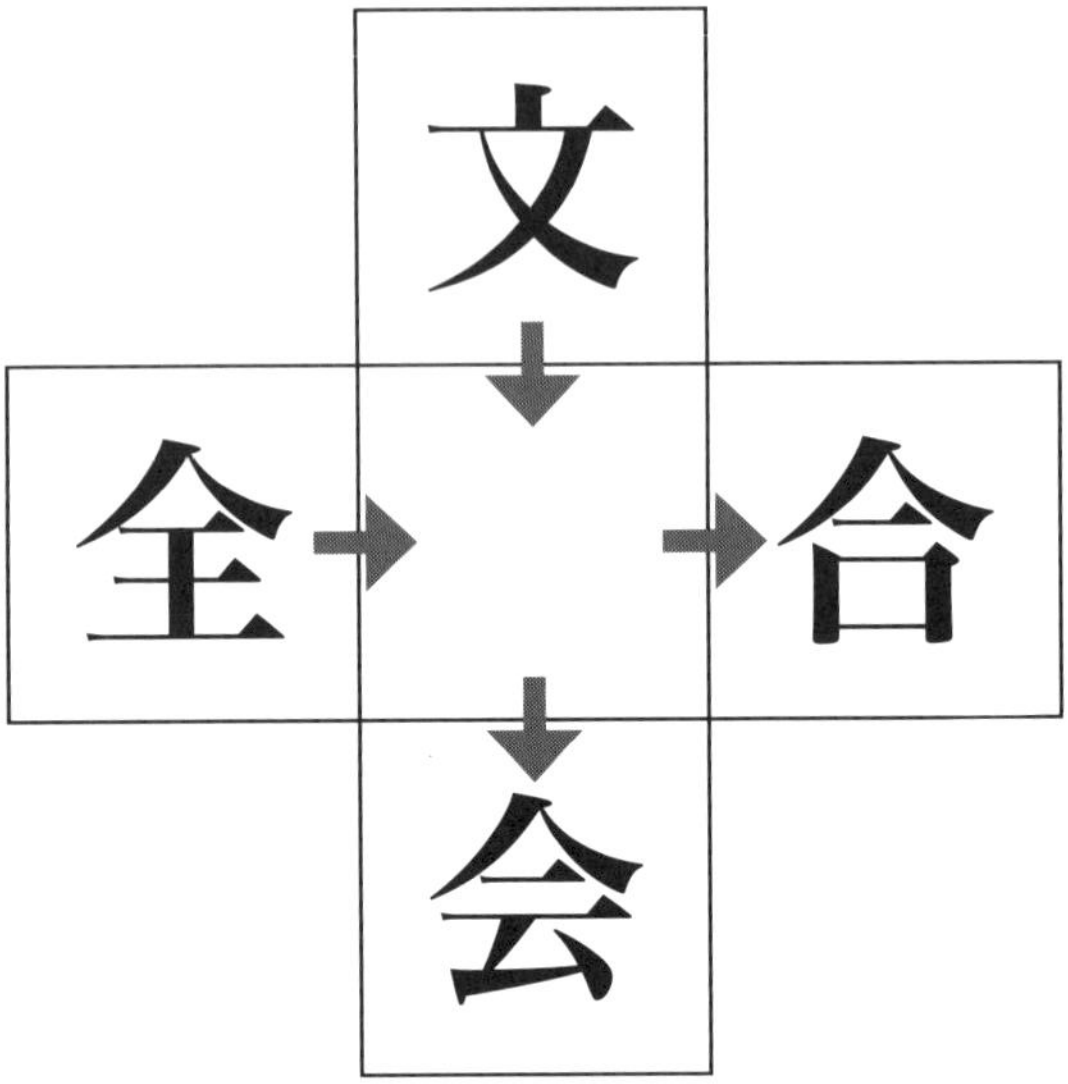

(答えはP.182)

問146の答え 株式市場（か[ぶ]しきしじょう）

二字熟語クロス

問148

レベル 1

中央の□に共通する漢字を入れて、熟語を作りましょう。熟語は矢印（↓）の方向に読みます。（制限時間：1分）

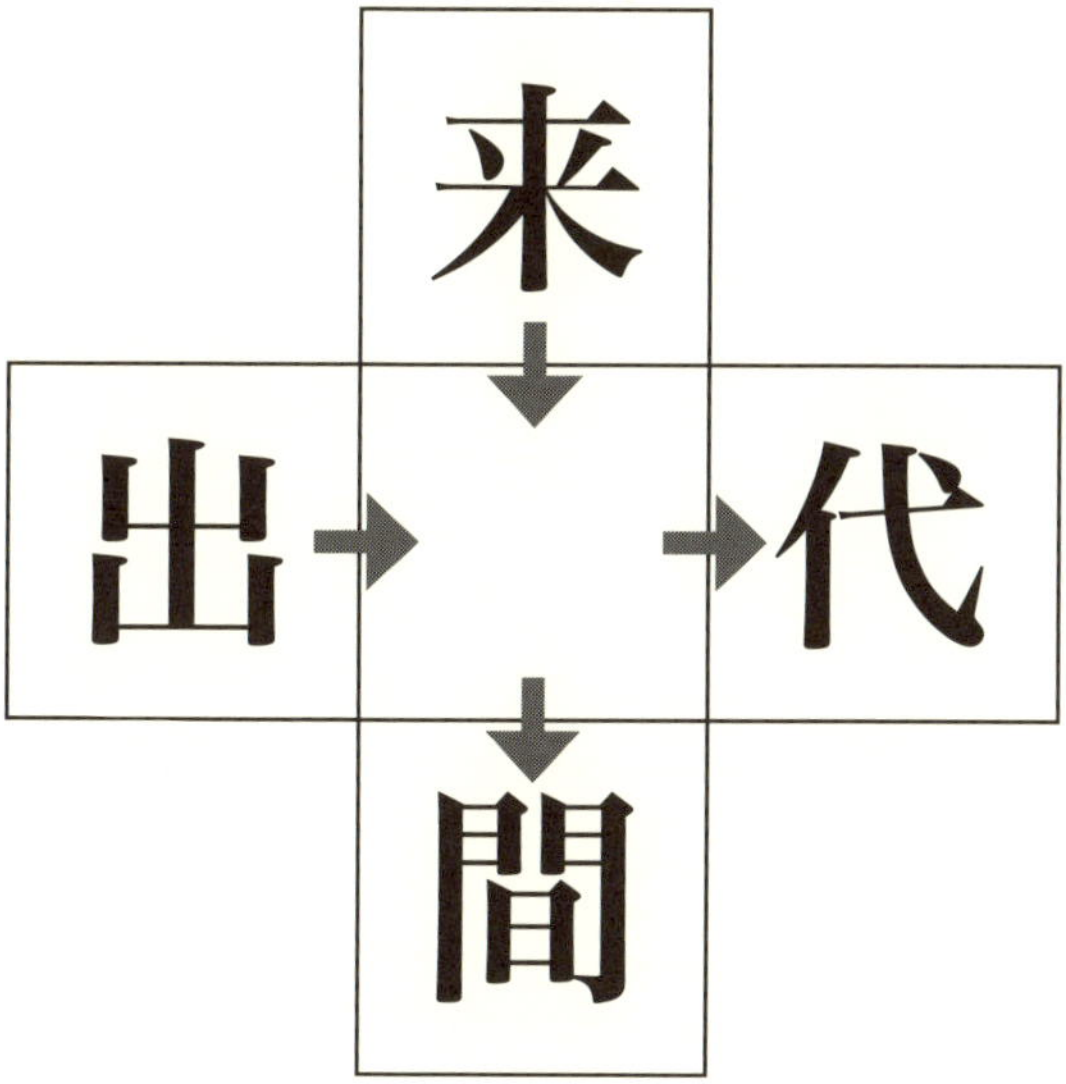

(答えはP.183)

二字熟語クロス
問149
レベル 1

中央の□に共通する漢字を入れて、熟語を作りましょう。熟語は矢印（↓）の方向に読みます。（制限時間：1分）

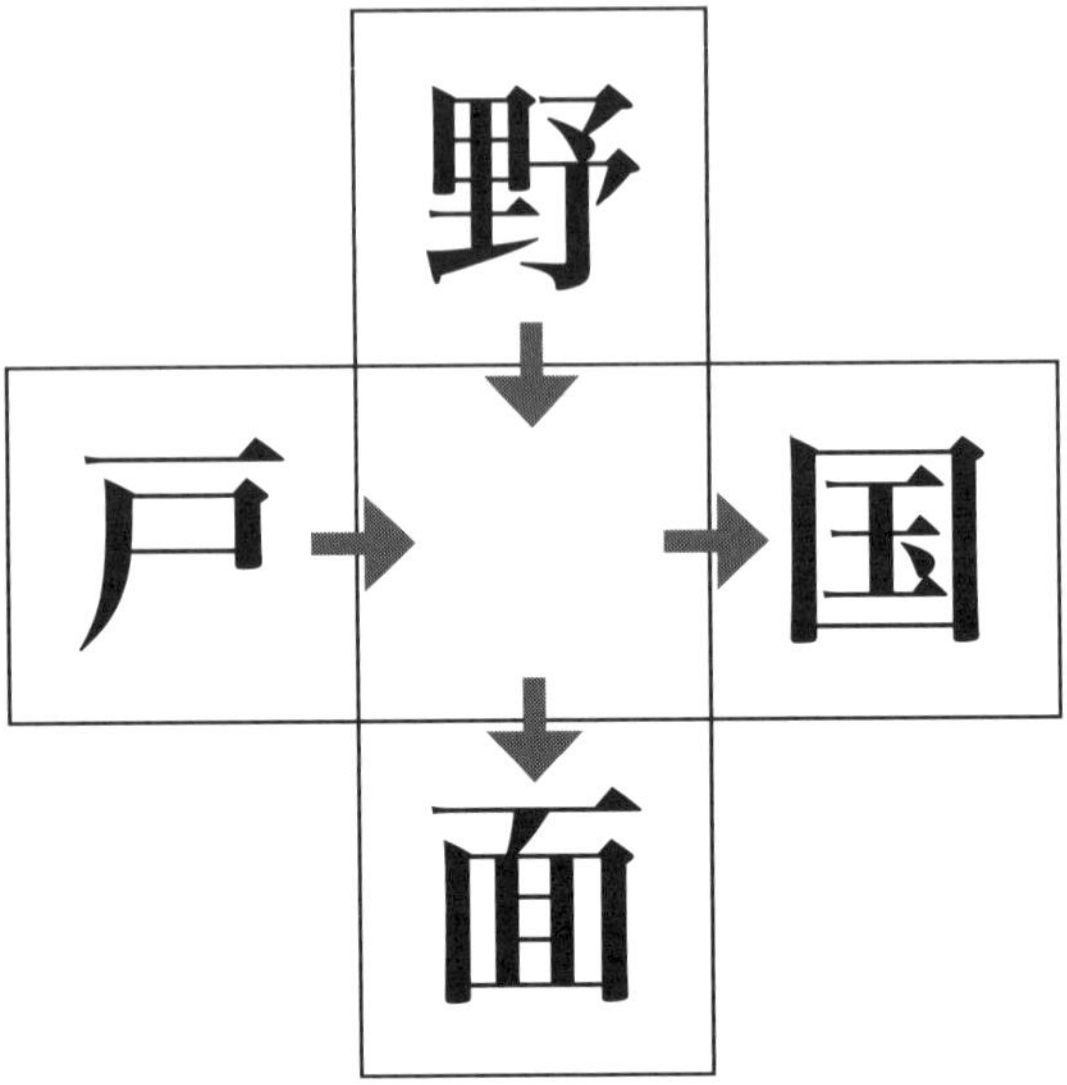

（答えはP.184）

問147の答え 集

二字熟語クロス

問150

レベル 1

中央の□に共通する漢字を入れて、熟語を作りましょう。
熟語は矢印（↓）の方向に読みます。（制限時間：1分）

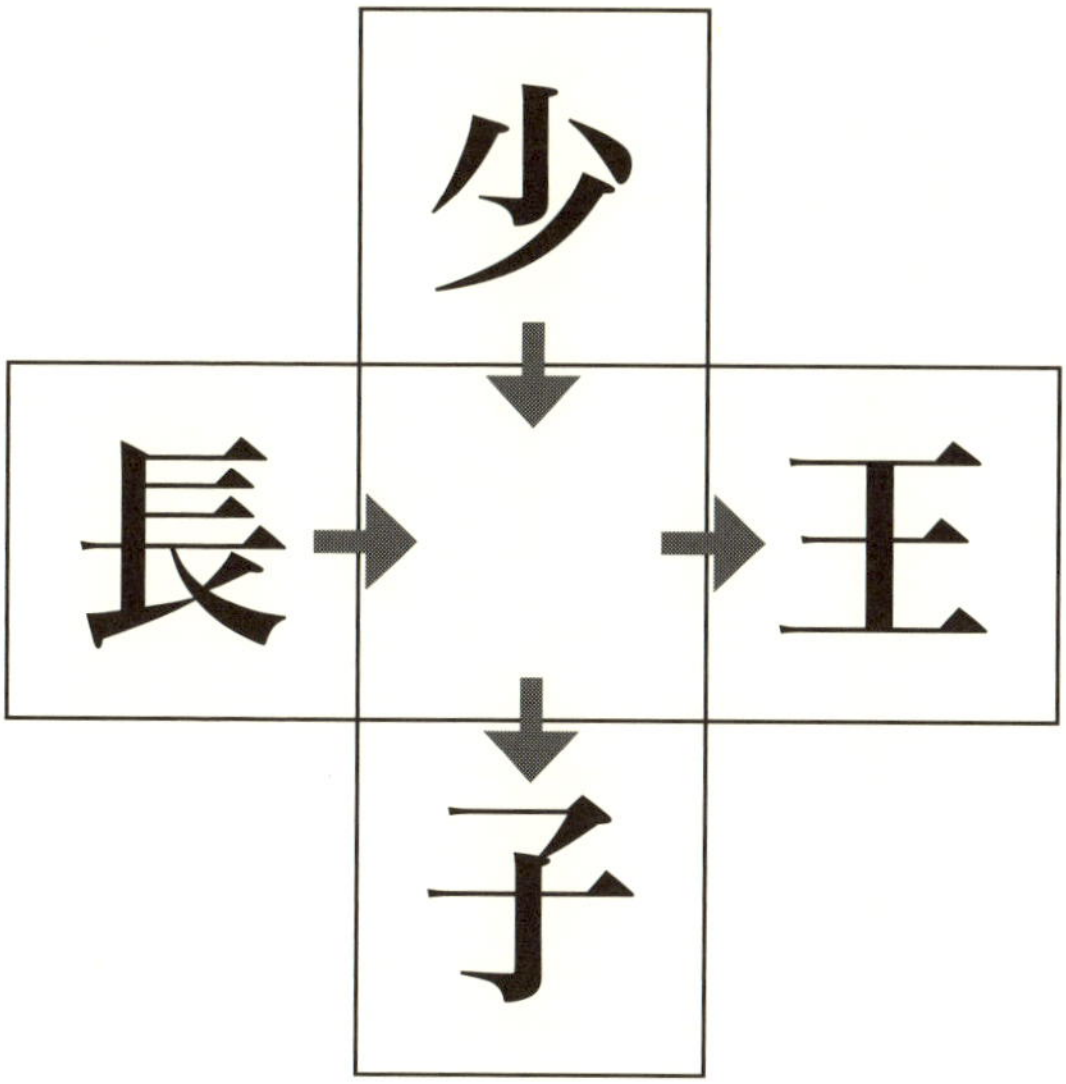

(答えはP.185)

問148の答え 世

二字熟語クロス

問151

レベル1

中央の□に共通する漢字を入れて、熟語を作りましょう。熟語は矢印（↓）の方向に読みます。（制限時間：1分）

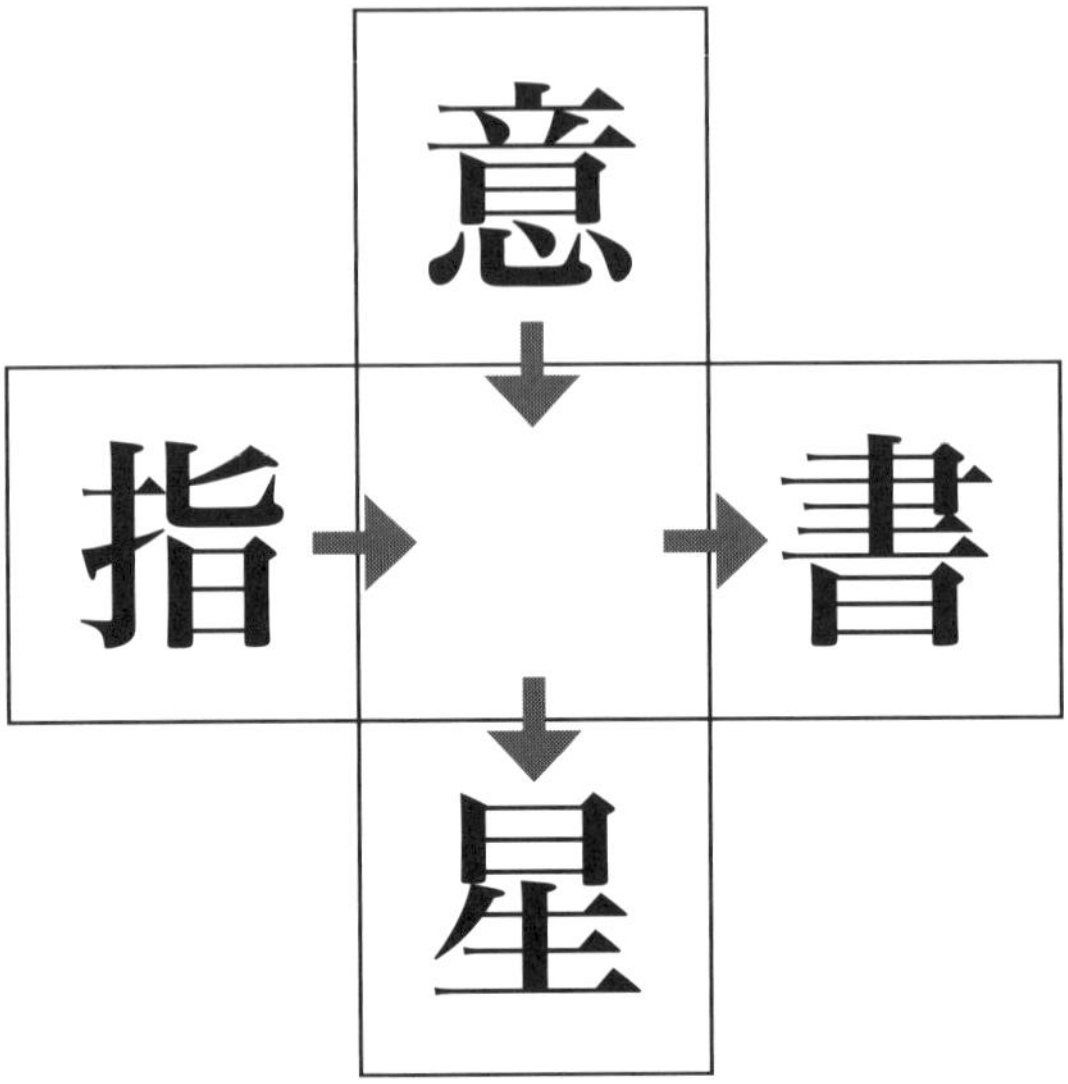

(答えはP.186)

問149の答え 外

二字熟語クロス

問152

レベル1

中央の□に共通する漢字を入れて、熟語を作りましょう。熟語は矢印（↓）の方向に読みます。（制限時間：1分）

	記 ↓	
実 →	□	→ 字
	↓ 人	

（答えはP.187）

問150の答え 女

二字熟語クロス

問153

レベル1

中央の□に共通する漢字を入れて、熟語を作りましょう。
熟語は矢印（↓）の方向に読みます。（制限時間：1分）

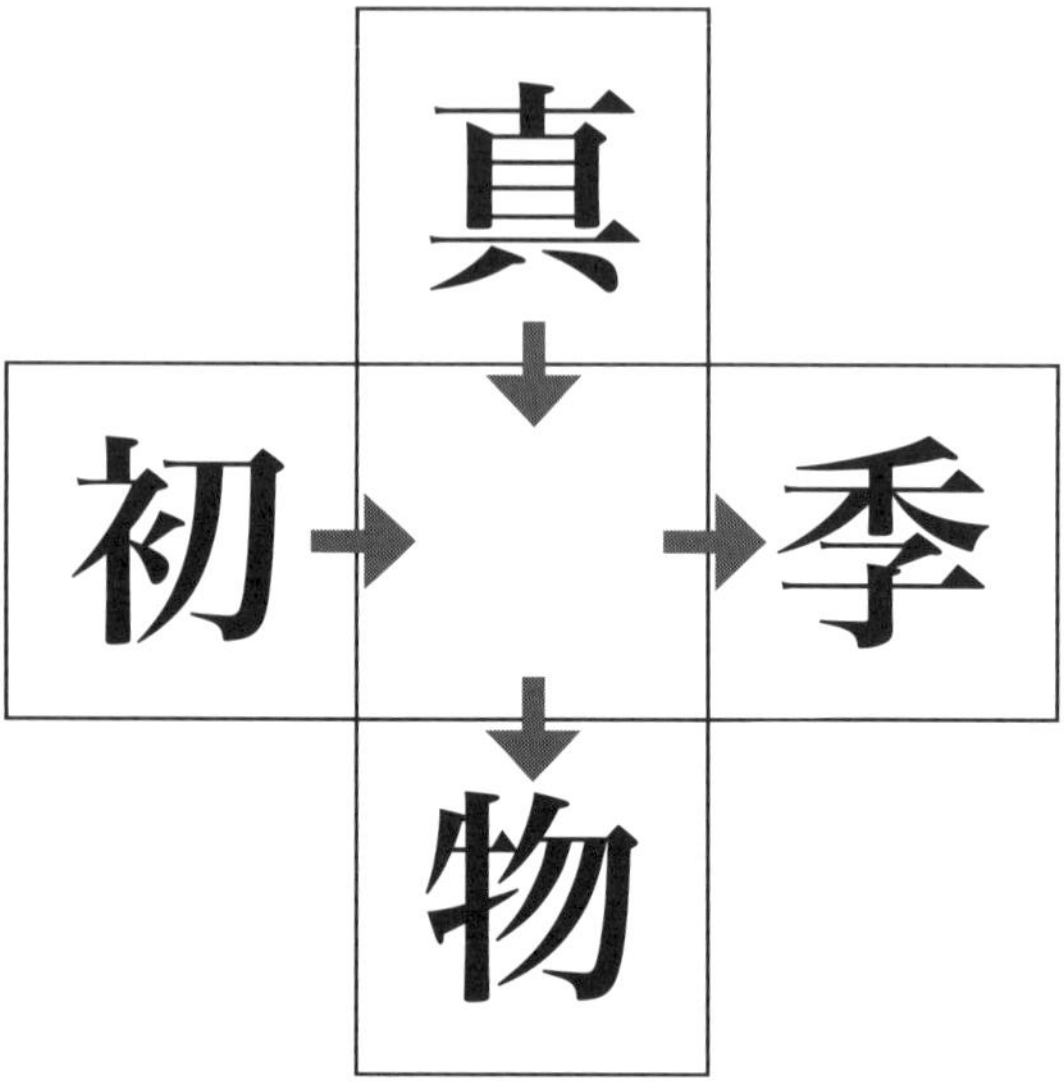

(答えはP.188)

問151の答え　図

二字熟語クロス

問154

レベル 1

中央の□に共通する漢字を入れて、熟語を作りましょう。熟語は矢印（↓）の方向に読みます。（制限時間：1分）

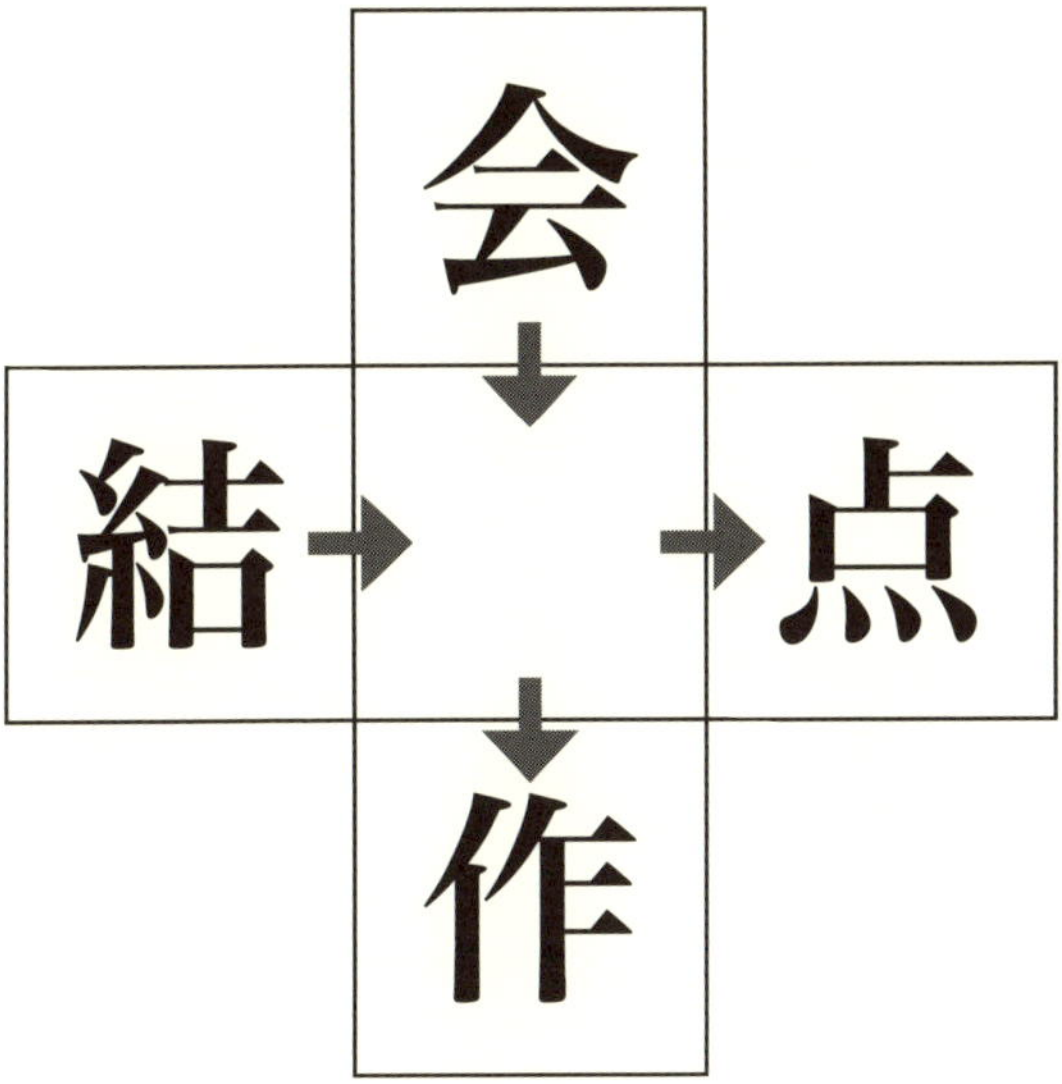

(答えはP.189)

問152の答え 名

二字熟語クロス

問155

レベル2

中央の□に共通する漢字を入れて、熟語を作りましょう。熟語は矢印（↓）の方向に読みます。（制限時間：1分）

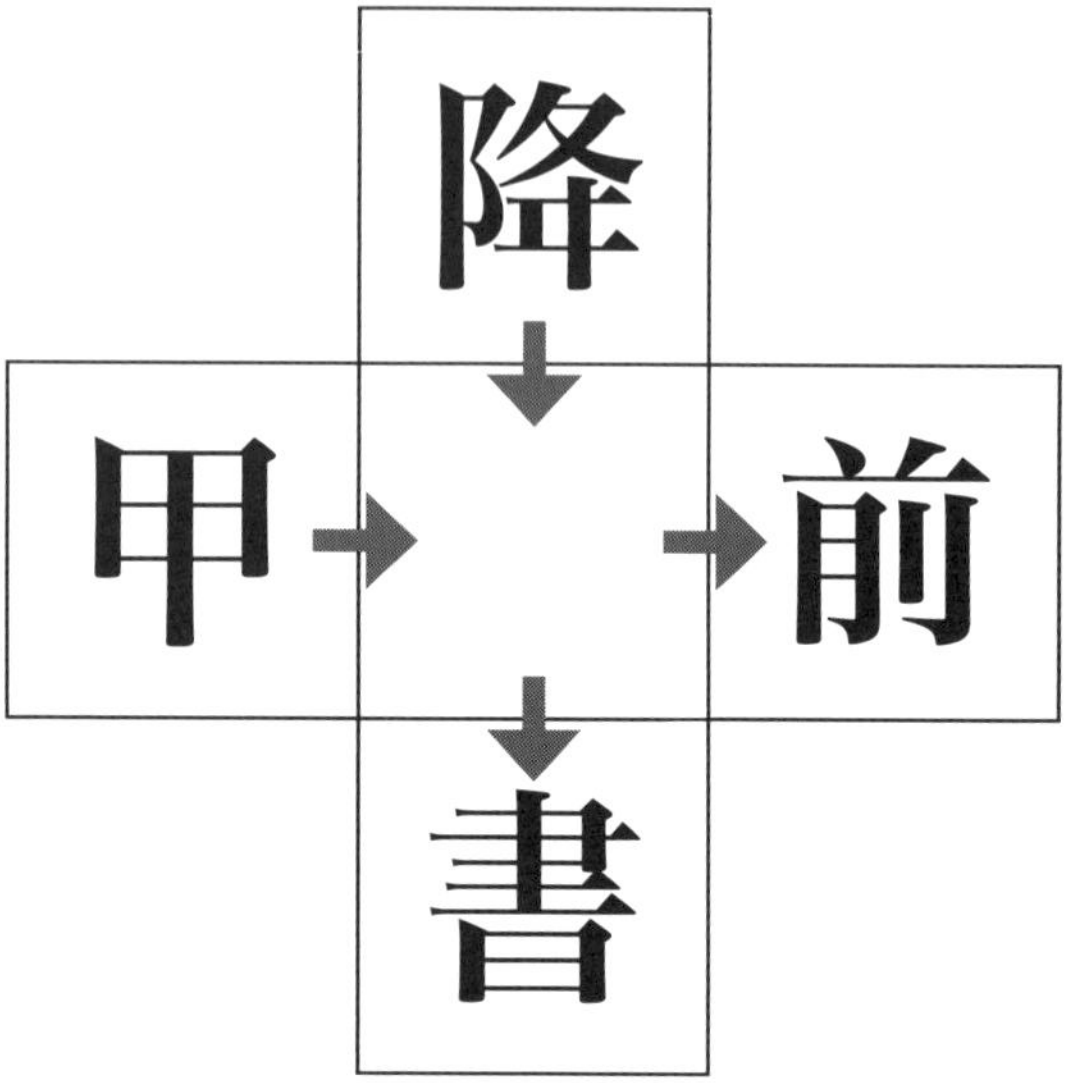

（答えはP.190）

問153の答え　夏／冬

二字熟語クロス

問156

レベル2

中央の□に共通する漢字を入れて、熟語を作りましょう。
熟語は矢印（↓）の方向に読みます。（制限時間：1分）

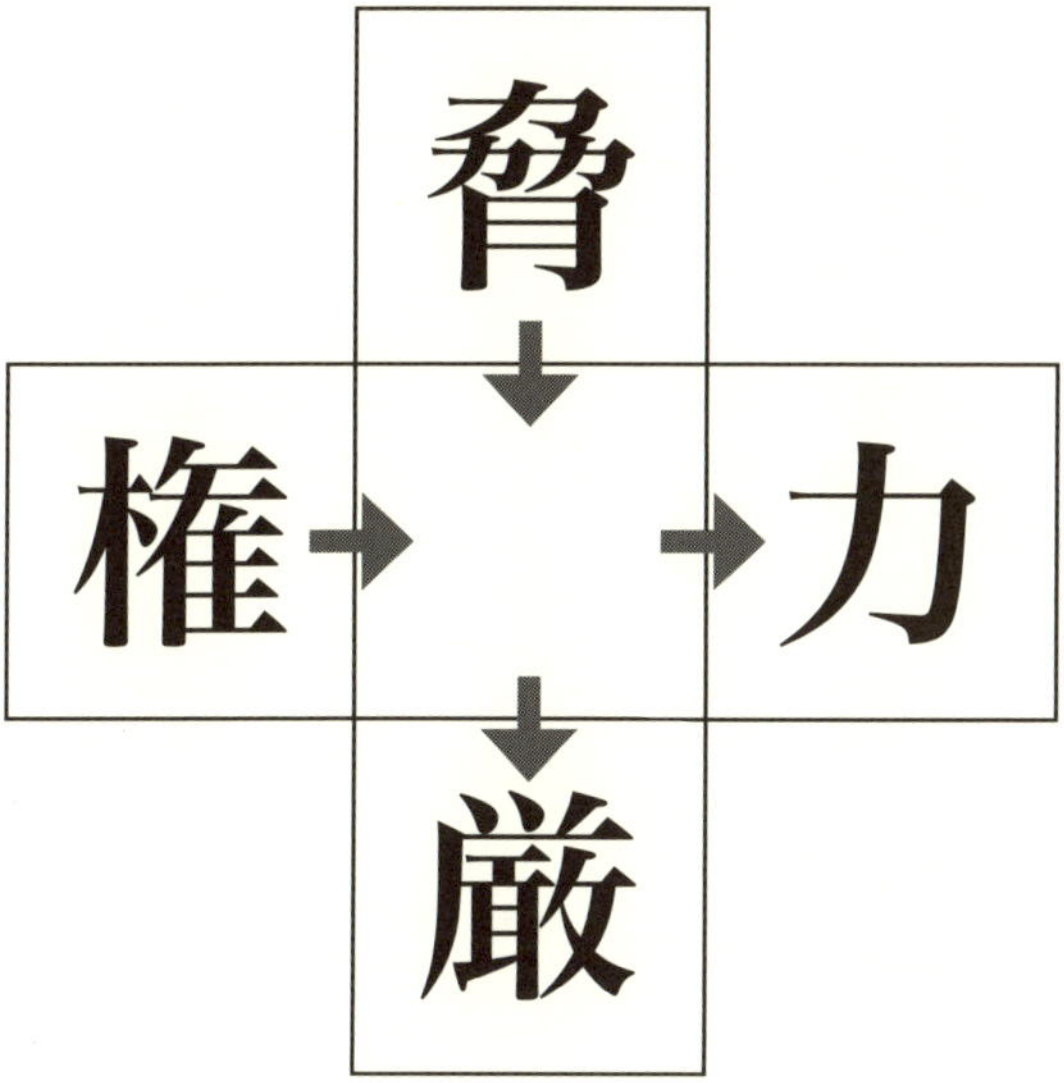

（答えはP.191）

問154の答え 合

二字熟語クロス

問157

レベル2

中央の□に共通する漢字を入れて、熟語を作りましょう。熟語は矢印（↓）の方向に読みます。（制限時間：1分）

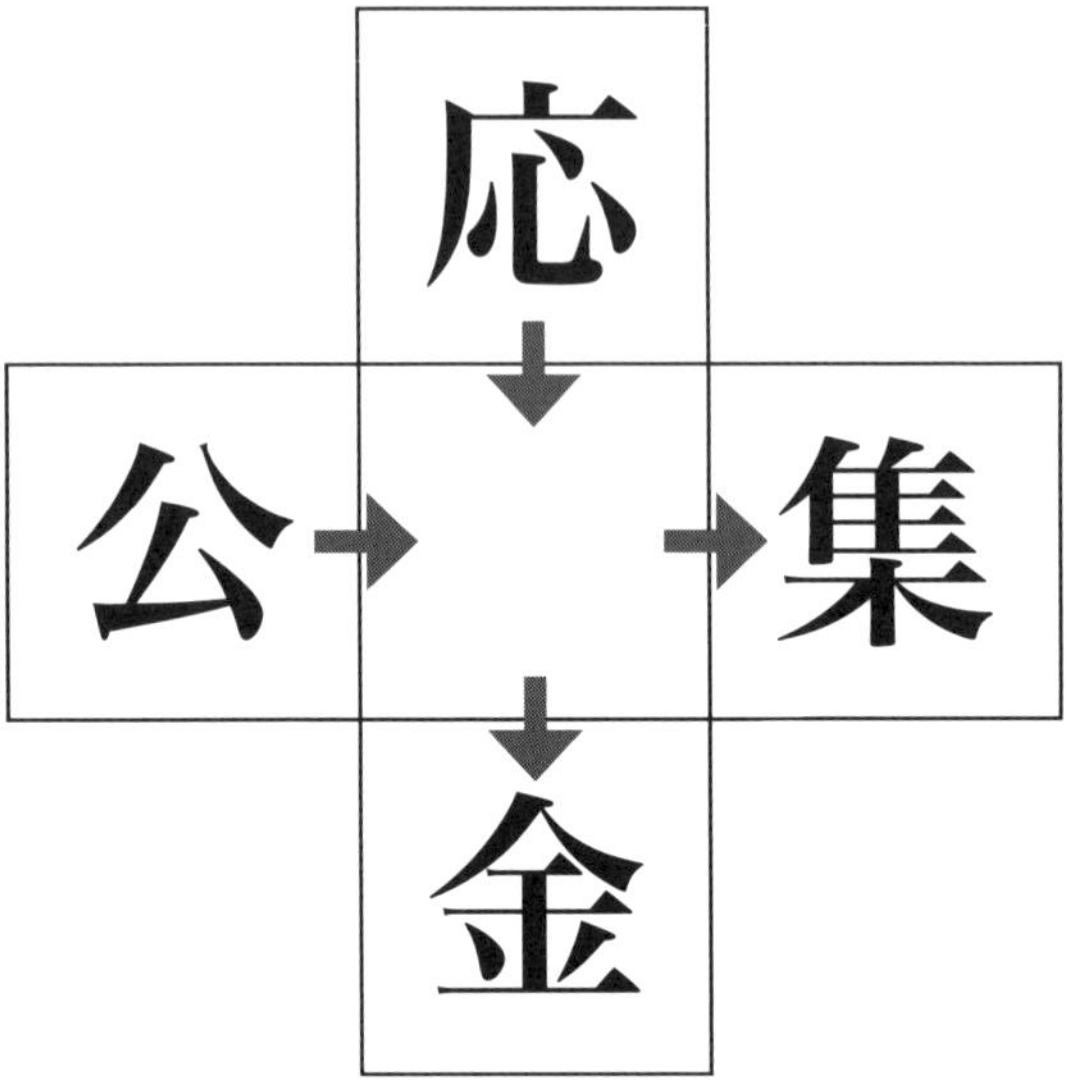

(答えはP.192)

問155の答え 板

漢字クロスワード
問158
レベル 1

ヒントをもとに当てはまる漢字を入れて、クロスワードを完成させましょう。（制限時間：3分）

1		■	2		所	■
	■	3		■	4	5
具	6	■	法	7	■	
■	8	9	■	10		■
11	■	12 授	13		■	14
15		■		■	一	
■	16 高				■	

ヒント

ヨコの1 小説家など、文筆を職業とする人。
ヨコの2 現在住んでいる場所。
ヨコの3 旅をすること。
ヨコの4 職場などの自分の席についていること。
ヨコの8 動物に芸などを教えること。
ヨコの10 外勤⇔〇〇
ヨコの12 お札やお守りを渡す場所。
ヨコの15 学生割引。
ヨコの16 高校生の野球大会。

タテの1 鉛筆や消しゴムなどのこと。
タテの2 現在効力のある法律。
タテの5 勢いよく自分の勢力範囲を広げること。
タテの6 からだの調子。
タテの7 地域の情報を提供する所。
タテの9 大学〇〇。
タテの11 自然科学の一部門。〇〇変化。〇〇反応。
タテの13 『みだれ髪』の作者。〇〇〇晶子。
タテの14 だれにでも年に一度来る日。

（答えはP.192）

問156の答え 威

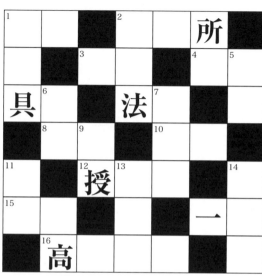

問158 の答え

1 文	士		2 現	住	所	
房		3 旅	行		4 在	5 席
具	6 体		法	7 案		巻
	8 調	9 教		10 内	勤	
11 化		12 授	13 与	所		14 誕
15 学	割		謝		一	生
	16 高	校	野	球		日

問157 の答え 募

漢字
クロスワード
問159
レベル2

ヒントをもとに当てはまる漢字を入れて、クロスワードを完成させましょう。（制限時間：３分）

ヒント

ヨコの1 キリスト教で神のこと。
ヨコの3 明治の前は？
ヨコの5 スポーツなどを観ること。
ヨコの8 取材をしたり、記事を書いたりする人。
ヨコの9 複数の国家にかかわっていること。
ヨコの10 我が校は○○両道を目指しています。
ヨコの14 きざし。
ヨコの16 米を発酵させて作る甘い飲み物。
ヨコの17 亀を助けて竜宮城へ行く人物。

タテの1 その学校が作られた日。
タテの2 客観⇔○○
タテの4 家の外。
タテの6 織田信長、豊臣秀吉、徳川家康……。
タテの7 大相撲で○○○の番付を予想する。
タテの11 分家⇔○○
タテの12 食事の前に飲む酒。
タテの13 旧日本海軍の戦艦に似ている島。
タテの15 ○○新婦の入場です。

(答えはP.194)

問159
の答え

1 創	造	2 主		3 江	4 戸	
立		5 観	6 戦		外	7 来
8 記	者		9 国	際		場
念		10 文	武		11 本	所
日	12 食		将	13 軍	家	
	14 前	兆		艦		15 新
16 甘	酒		17 浦	島	太	郎

コラム

「運動」はだいじな脳トレーニング

運動は肉体的なトレーニングにはなっても、頭のトレーニングとは関係ないと思っている人もいるかもしれません。しかし近年、**運動することが脳を守り、その働きを高める**ということは常識となっています。

たとえば、イリノイ大のエリクソンらの実験（2005年）によると、65歳の人が週3回1日40分のウォーキングを6か月続けたところ、前頭葉の内側部にある前部《ぜんぶ》帯状回《たいじょうかい》という部分に厚みが出ることを発見しました。さらに、同じチームが、1年間やや速いウォーキングを続ければ、脳の海馬《かいば》が大きくなることを報告しています（2011年）。通常、高齢化によって1～2％縮む海馬が、2％増えたのです。

また、運動はうつ病や認知症になりにくくすることもわかっています。脳は運動によって鍛えられ、よくなることが示されているわけですから、**ウォーキング、スロージョギング、速歩**などを生活に取り入れましょう。**その場足ふみ**でもＯＫですよ。

八つ手の二字熟語

問160

レベル1

中央の○に共通する漢字を入れて、熟語を作りましょう。熟語は矢印（↓）の方向に読みます。（制限時間：1分）

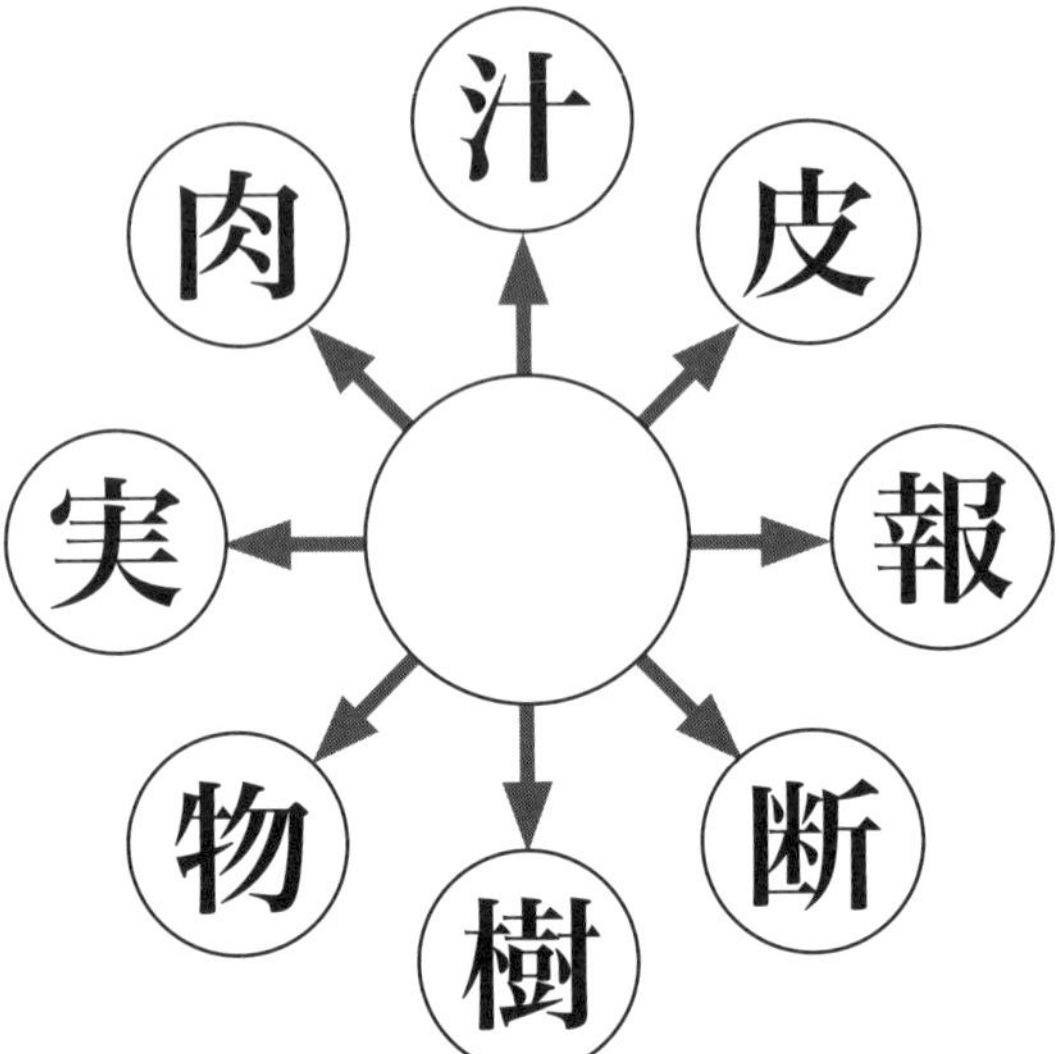

(答えはP.198)

八つ手の二字熟語
問161
レベル 1

中央の○に共通する漢字を入れて、熟語を作りましょう。熟語は矢印（↓）の方向に読みます。（制限時間：1分）

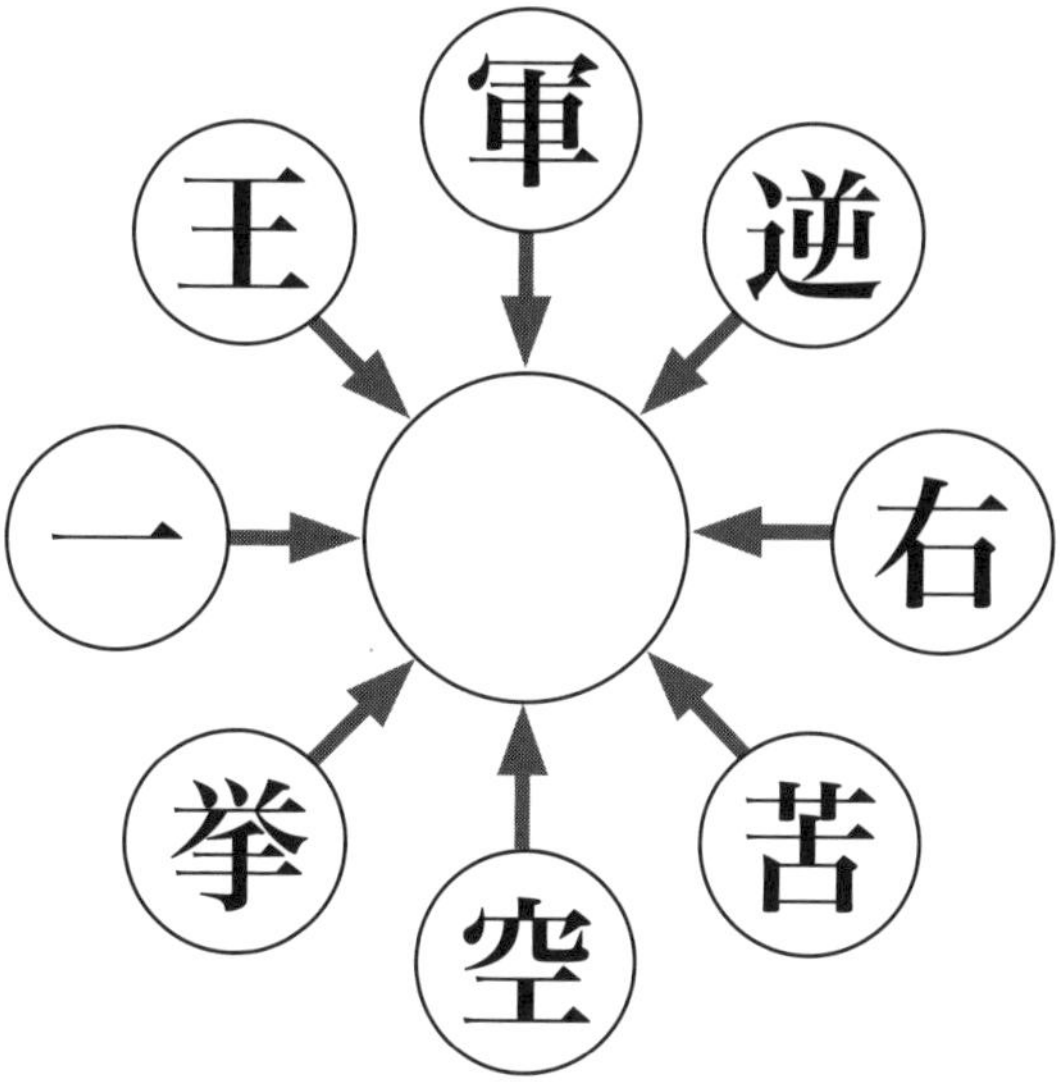

(答えはP.199)

八つ手の二字熟語
問162
レベル1

中央の○に共通する漢字を入れて、熟語を作りましょう。
熟語は矢印（↓）の方向に読みます。（制限時間：1分）

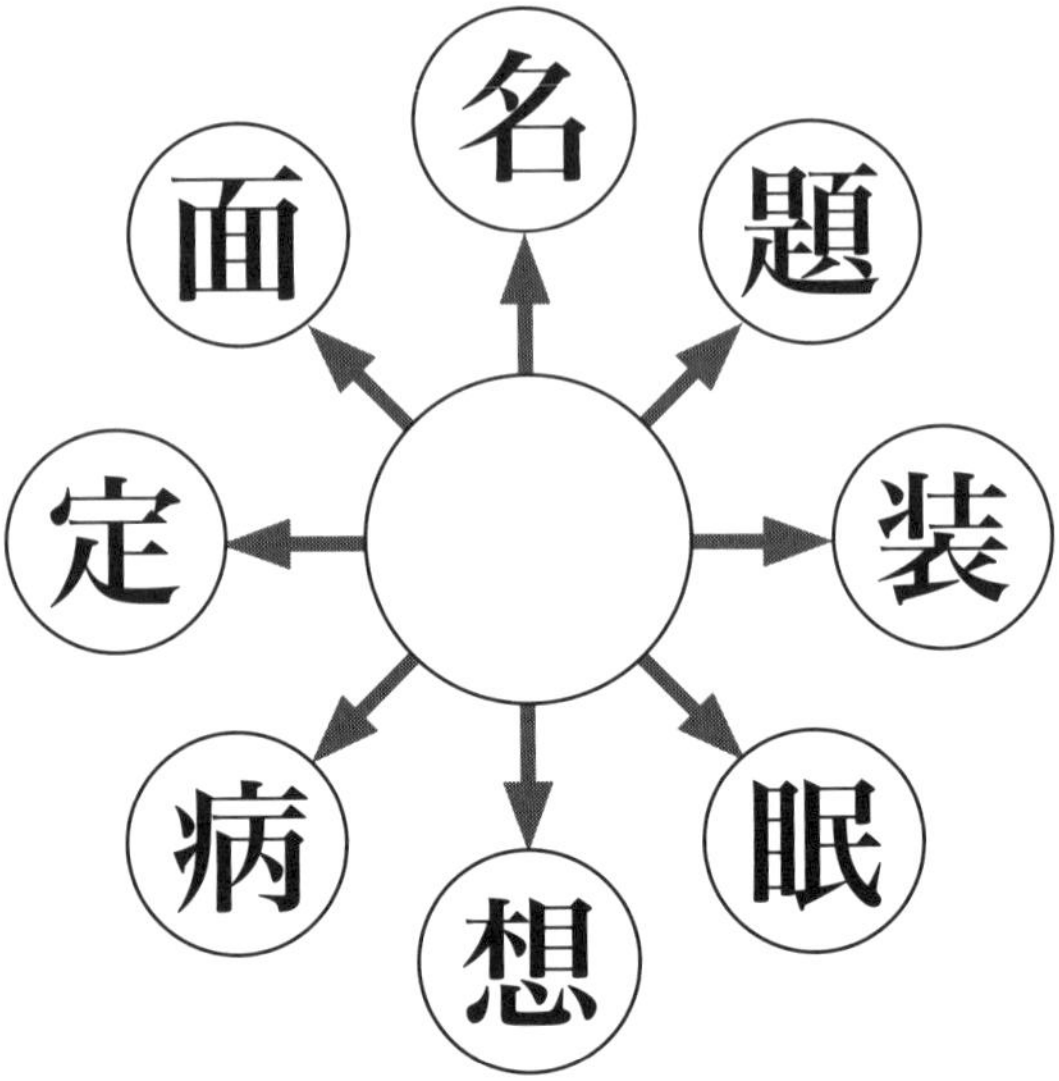

(答えはP.200)

問160の答え 果

八つ手の二字熟語

問163

レベル 1

中央の○に共通する漢字を入れて、熟語を作りましょう。熟語は矢印（↓）の方向に読みます。（制限時間：1分）

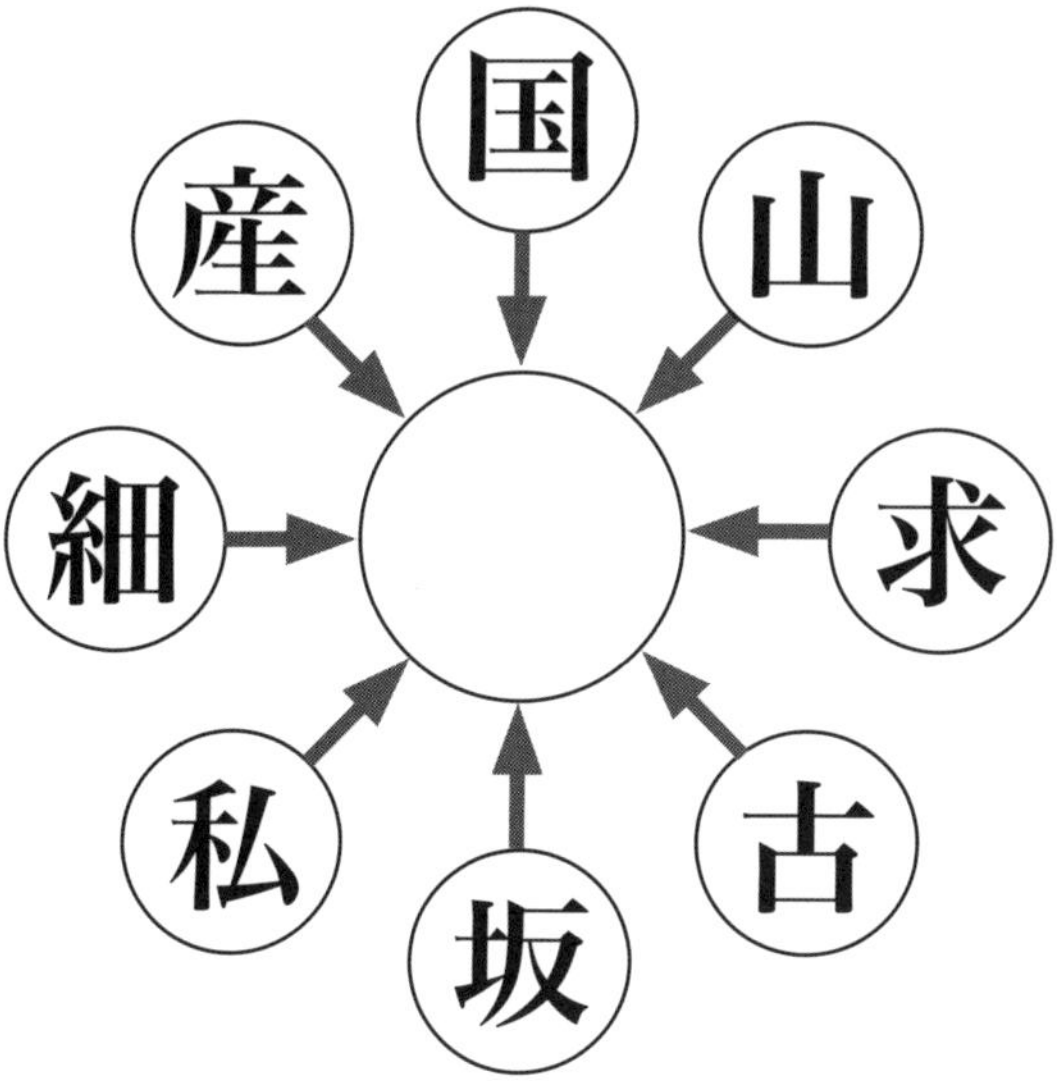

(答えはP.201)

問161の答え　手

八つ手の
二字熟語

問164

レベル 1

中央の○に共通する漢字を入れて、熟語を作りましょう。
熟語は矢印（↓）の方向に読みます。（制限時間：1分）

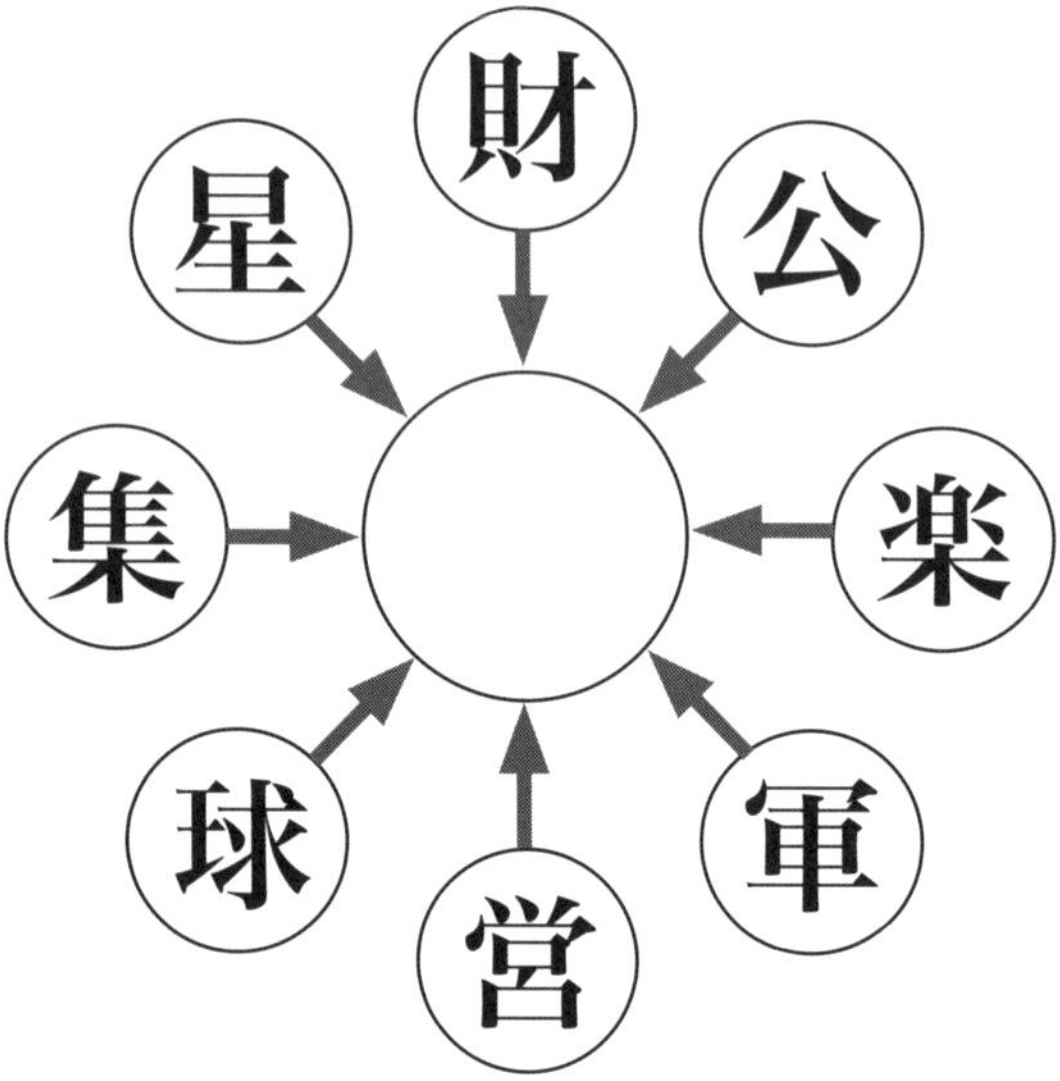

(答えはP.202)

問162の答え　仮

八つ手の二字熟語

問165

レベル 1

中央の○に共通する漢字を入れて、熟語を作りましょう。
熟語は矢印（↓）の方向に読みます。（制限時間：1分）

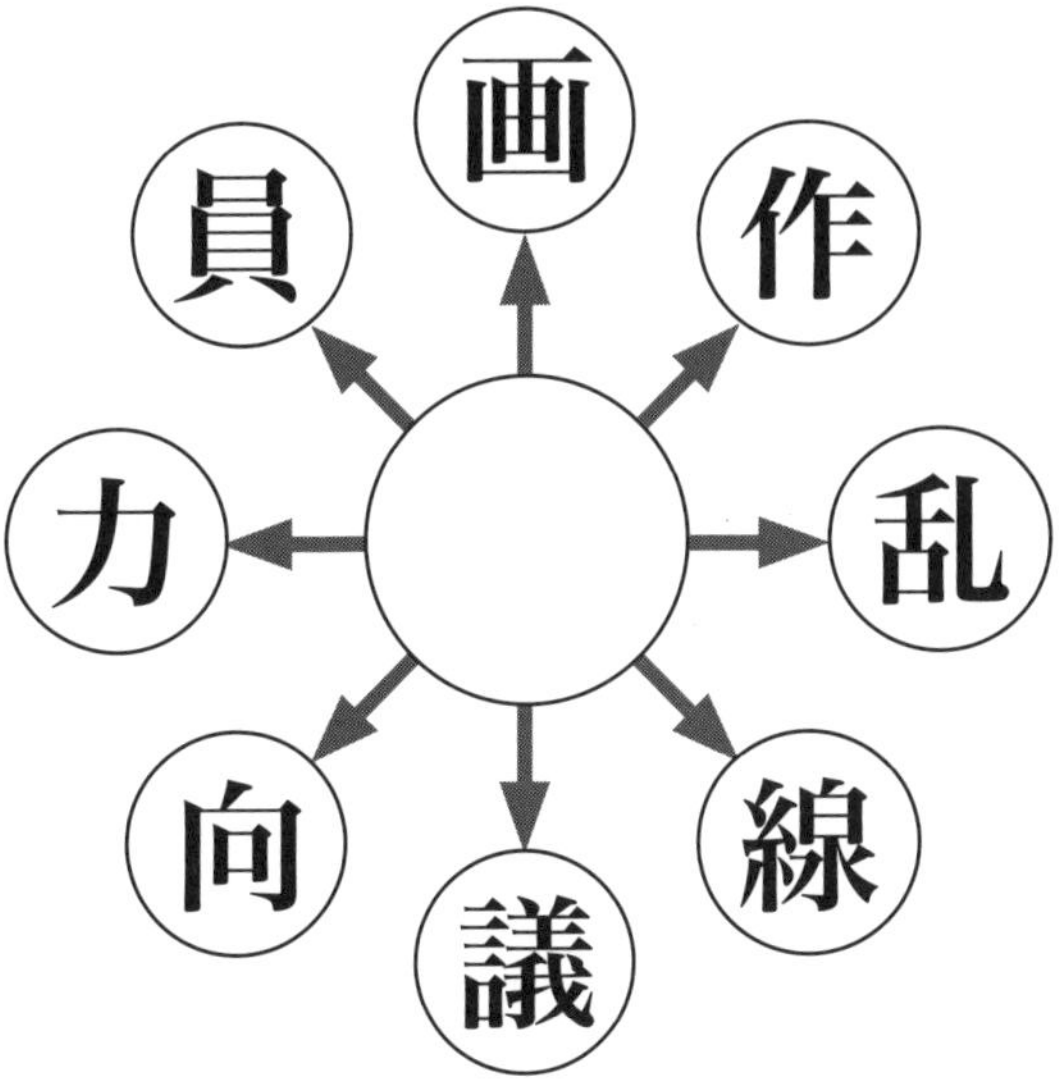

(答えはP.203)

問163の答え 道

八つ手の二字熟語

問166

レベル 1

中央の○に共通する漢字を入れて、熟語を作りましょう。熟語は矢印（↓）の方向に読みます。（制限時間：1分）

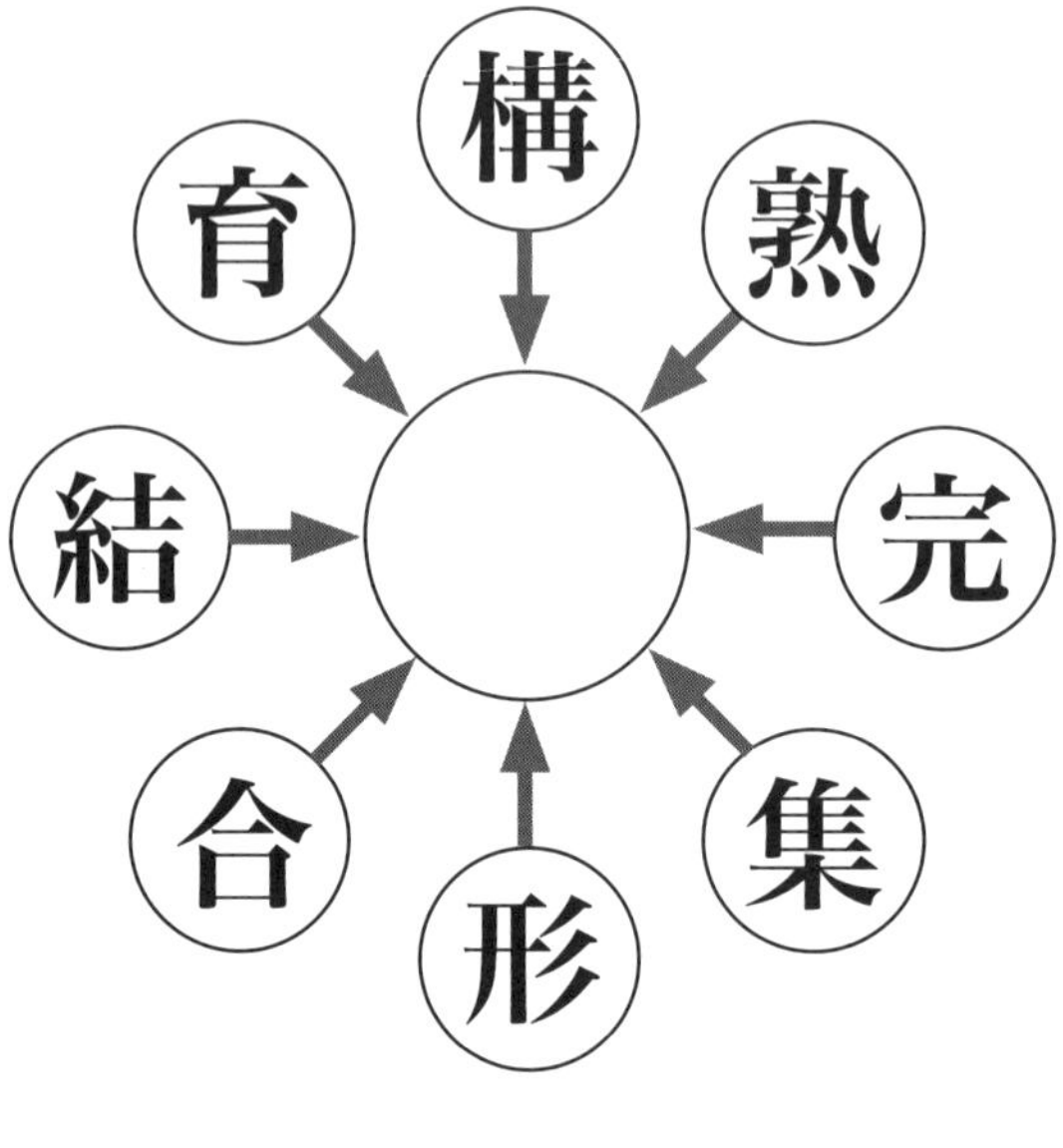

（答えはP.204）

問164の答え　団

八つ手の二字熟語

問167

レベル2

中央の○に共通する漢字を入れて、熟語を作りましょう。熟語は矢印（↓）の方向に読みます。（制限時間：1分）

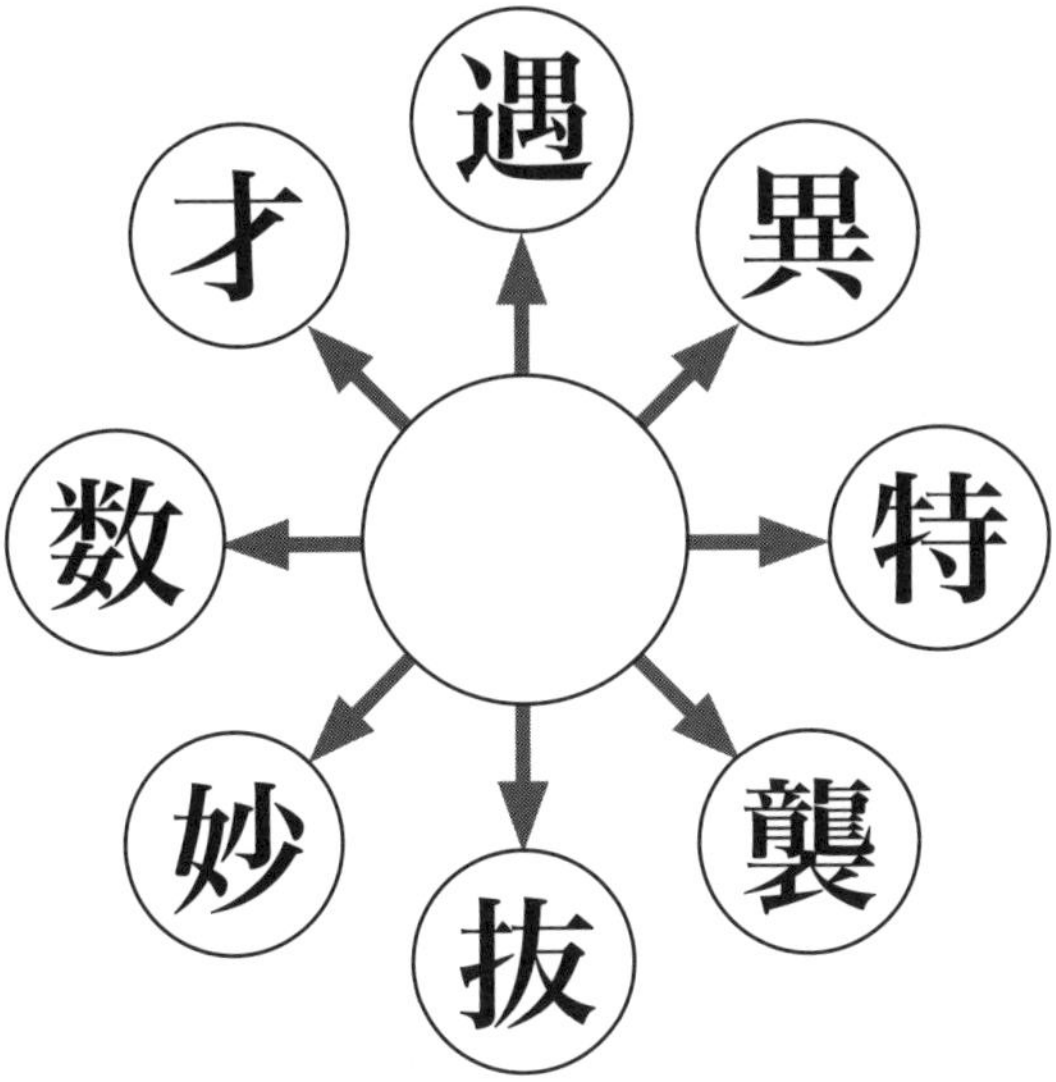

(答えはP.205)

問165の答え　動

八つ手の二字熟語

問168

レベル2

中央の○に共通する漢字を入れて、熟語を作りましょう。
熟語は矢印（↓）の方向に読みます。（制限時間：1分）

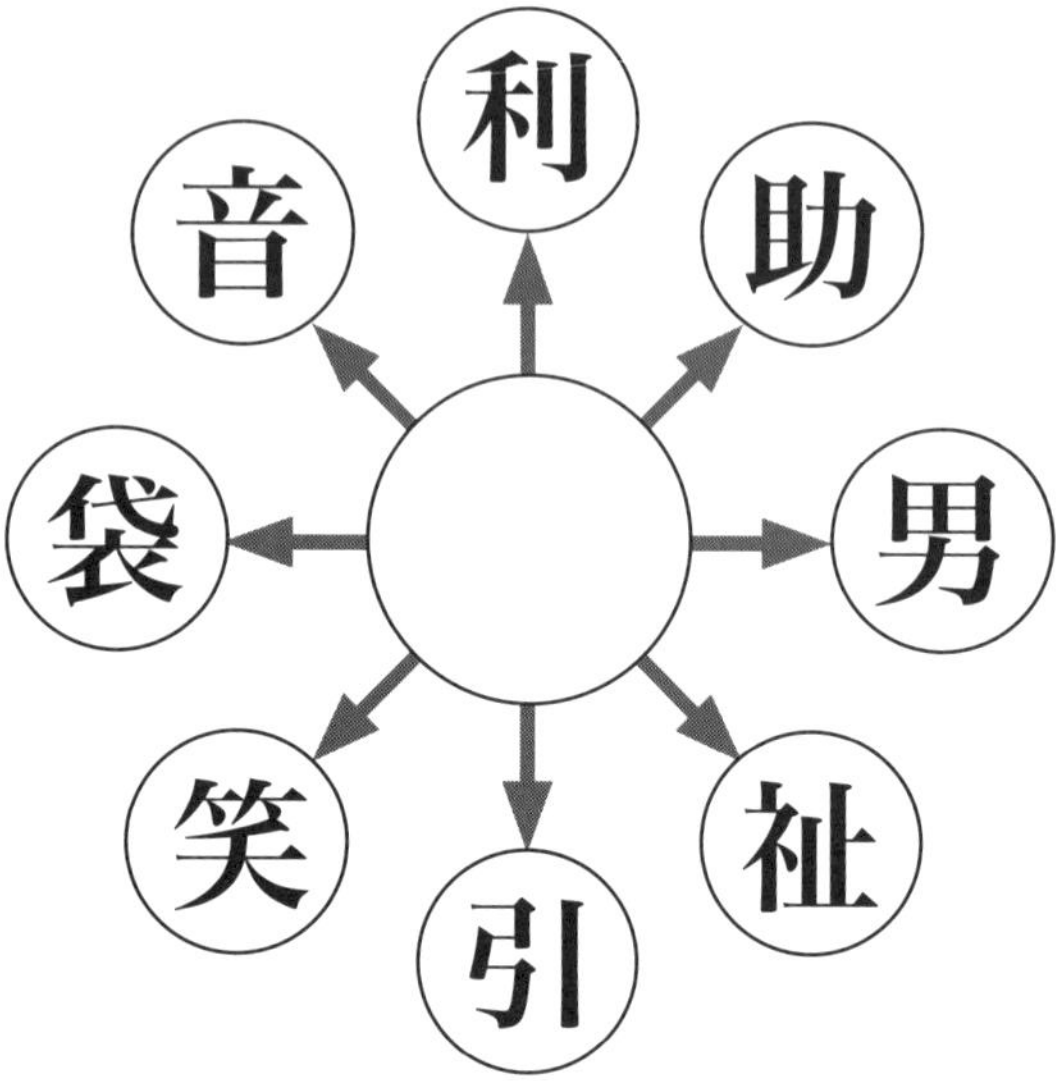

（答えはP.206）

問166の答え 成

八つ手の二字熟語

問169

レベル 2

中央の○に共通する漢字を入れて、熟語を作りましょう。熟語は矢印（↓）の方向に読みます。（制限時間：1分）

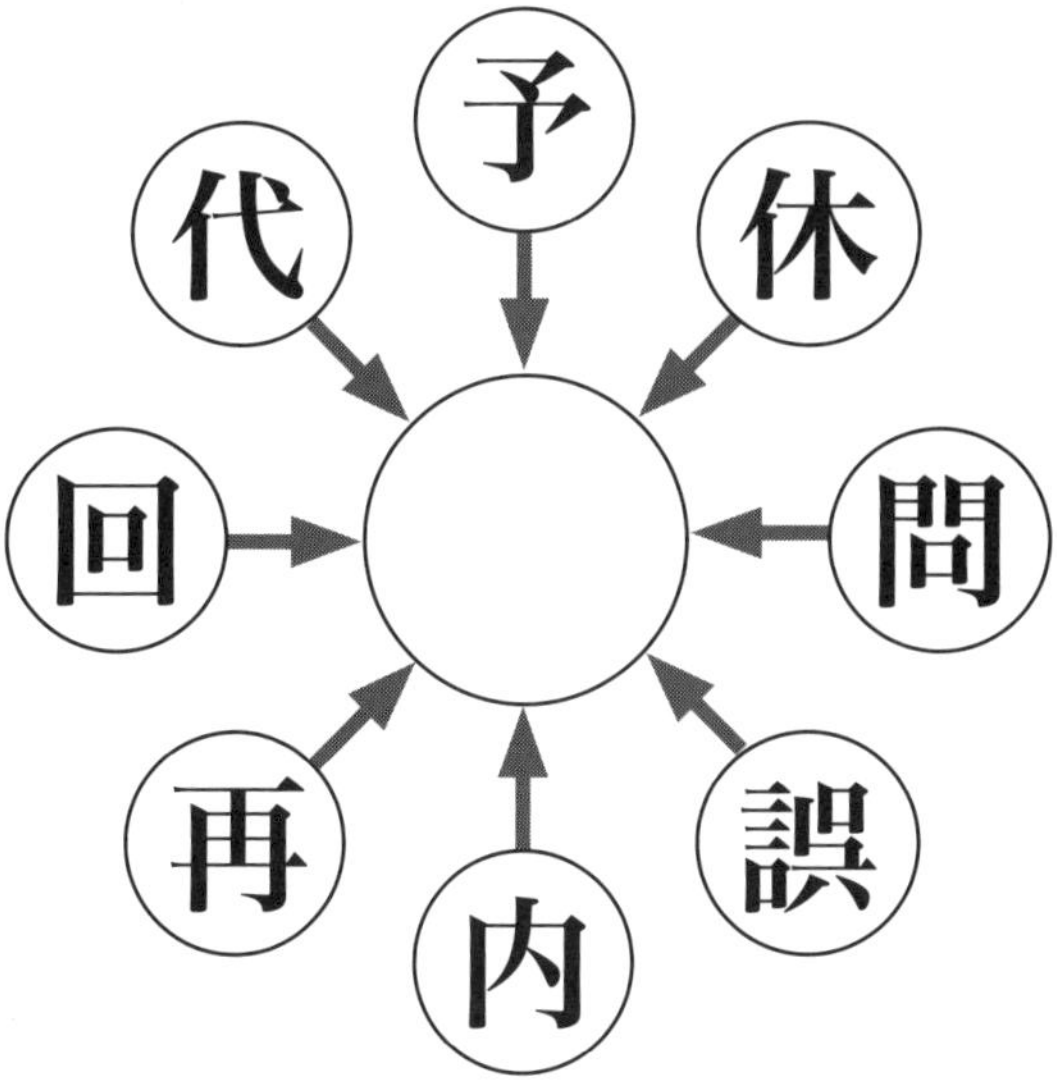

(答えはP.207)

問167の答え　奇

共通の部首探し

問170

レベル1

□の部分に共通の部首を入れ、その部首名を（　）に書きましょう。（制限時間：30秒）

□少

□良

□子

□未

□生

（　　）

（答えはP.208）

問168の答え　福

共通の部首探し 問171

レベル 1

□の部分に共通の部首を入れ、その部首名を（　）に書きましょう。（制限時間：30秒）

□欠

□反

□几

□官

□司

（　　　　）

(答えはP.209)

問169の答え 診

共通の部首探し

問172

レベル1

□の部分に共通の部首を入れ、その部首名を（　）に書きましょう。（制限時間：30秒）

□主

□余

□正

□走

□寺

（　　　　）

（答えはP.210）

問170の答え

女（おんなへん）

妙　娘　好　妹　姓

共通の部首探し
問173
レベル 1

□の部分に共通の部首を入れ、その部首名を（　）に書きましょう。（制限時間：30秒）

方□

己□

孝□

貝□

正□

（　　　）

（答えはP.211）

問171の答え	飠（しょくへん） 飲　飯　飢　館　飼

共通の部首探し

問174

レベル2

□の部分に共通の部首を入れ、その部首名を（　）に書きましょう。（制限時間：30秒）

□需

□辱

□軍

□行

□夬

（　　　　）

（答えはP.212）

問172の答え

彳（ぎょうにんべん）

往　徐　征　徒　待

コラム

「家事」も立派な脳トレーニングに

三度のご飯を作る、部屋を掃除する、洗濯をするなどの日常的な家事労働は、だれしもやっていることでしょう。こうした**何気ない家事が、認知機能の低下を防ぎ、アルツハイマー病の予防にも役立つ**ことをご存知ですか？

ラッシュアルツハイマー病センターのブックマンらは、平均年齢82歳の高齢者716人を調査し、テニスやウォーキングなどのいわゆる運動を除いた家事などの身体活動量が多いほど、アルツハイマー病のリスクを小さくするという報告を出しました。体調や身体上の問題で運動ができない人でも、**家事ができれば脳トレーニングができる**というわけです。

さらによいのは、同じ「ニンジンの皮をむく」という作業でも、ピーラーでむくより包丁でむくほうが脳の活動は活発になるということが、私たちの実験でわかっています。これは同じ作業でも、「**自分にとって少し難しいこと、面倒だと感じることをやる**」ことが、脳の活性化には重要ということです。

問173の答え
攵（のぶん／ぼくづくり／ぼくにょう）
放 改 教 敗 政

組み立て漢字

問175

レベル 1

バラバラになった漢字（1文字）を当てましょう。

（制限時間：30秒）

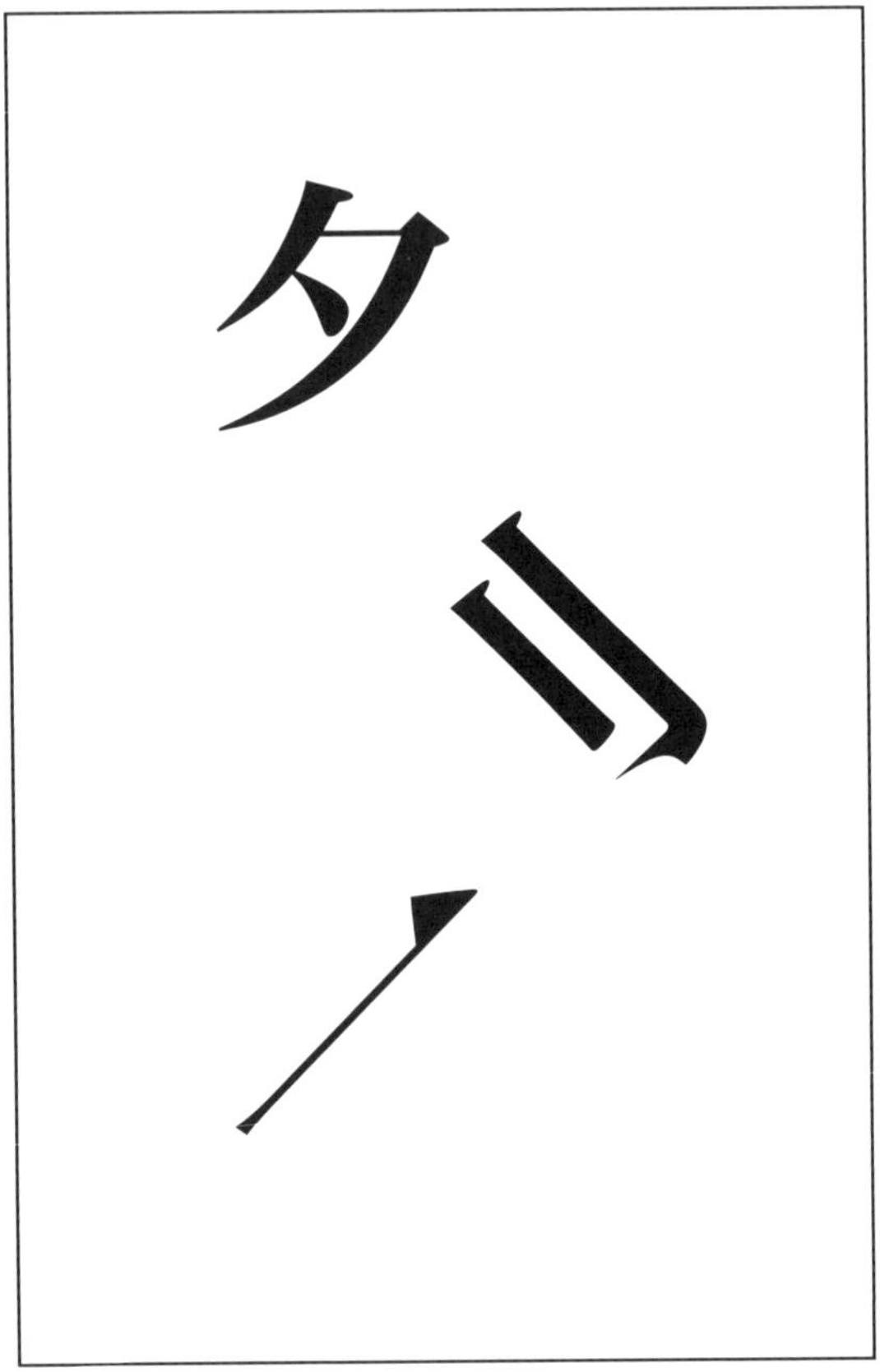

(答えはP.214)

問174の答え

ネ（ころも／ころもへん）

襦　褥　褌　裄　袂

組み立て漢字

問176

レベル1

バラバラになった漢字（1文字）を当てましょう。

（制限時間：30秒）

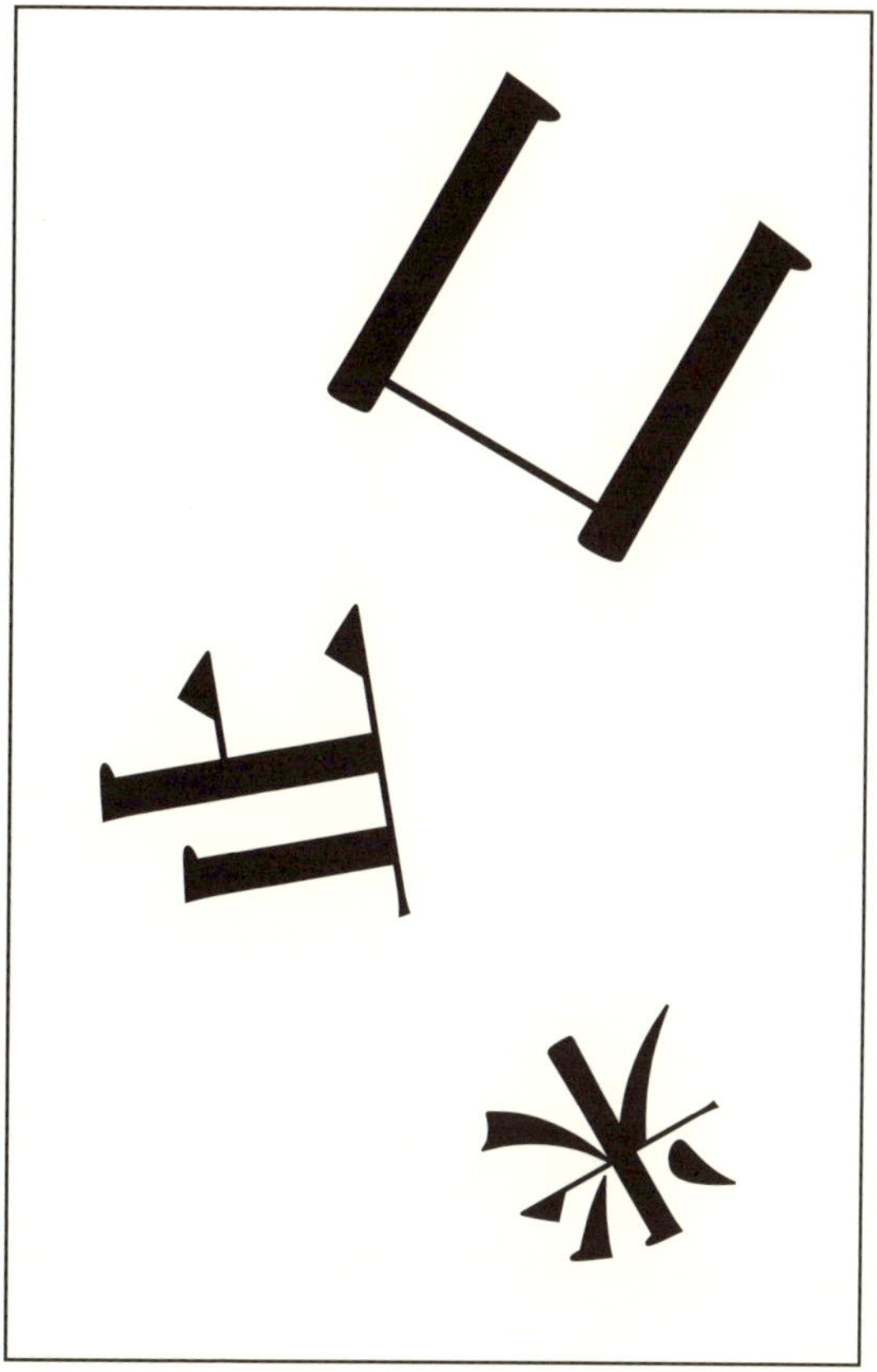

(答えはP.215)

組み立て漢字

問177

レベル1

バラバラになった漢字（1文字）を当てましょう。

（制限時間：30秒）

(答えはP.216)

問175の答え　列

組み立て漢字

問178

レベル 1

バラバラになった漢字（1文字）を当てましょう。

（制限時間：30秒）

（答えはP.217）

問176の答え　歯

組み立て漢字

問179

レベル1

バラバラになった漢字（1文字）を当てましょう。
（制限時間：30秒）

(答えはP.218)

問177の答え 総

組み立て漢字

問180

レベル1

バラバラになった漢字（1文字）を当てましょう。

（制限時間：30秒）

(答えはP.219)

問178の答え 横

組み立て漢字 問181

レベル 1

バラバラになった漢字（1文字）を当てましょう。

（制限時間：30秒）

(答えはP.220)

問179の答え　警

組み立て漢字

問182

レベル1

バラバラになった漢字（1文字）を当てましょう。

（制限時間：30秒）

(答えはP.221)

問180の答え 脚

組み立て漢字

問183

レベル 1

バラバラになった漢字（1文字）を当てましょう。

（制限時間：30秒）

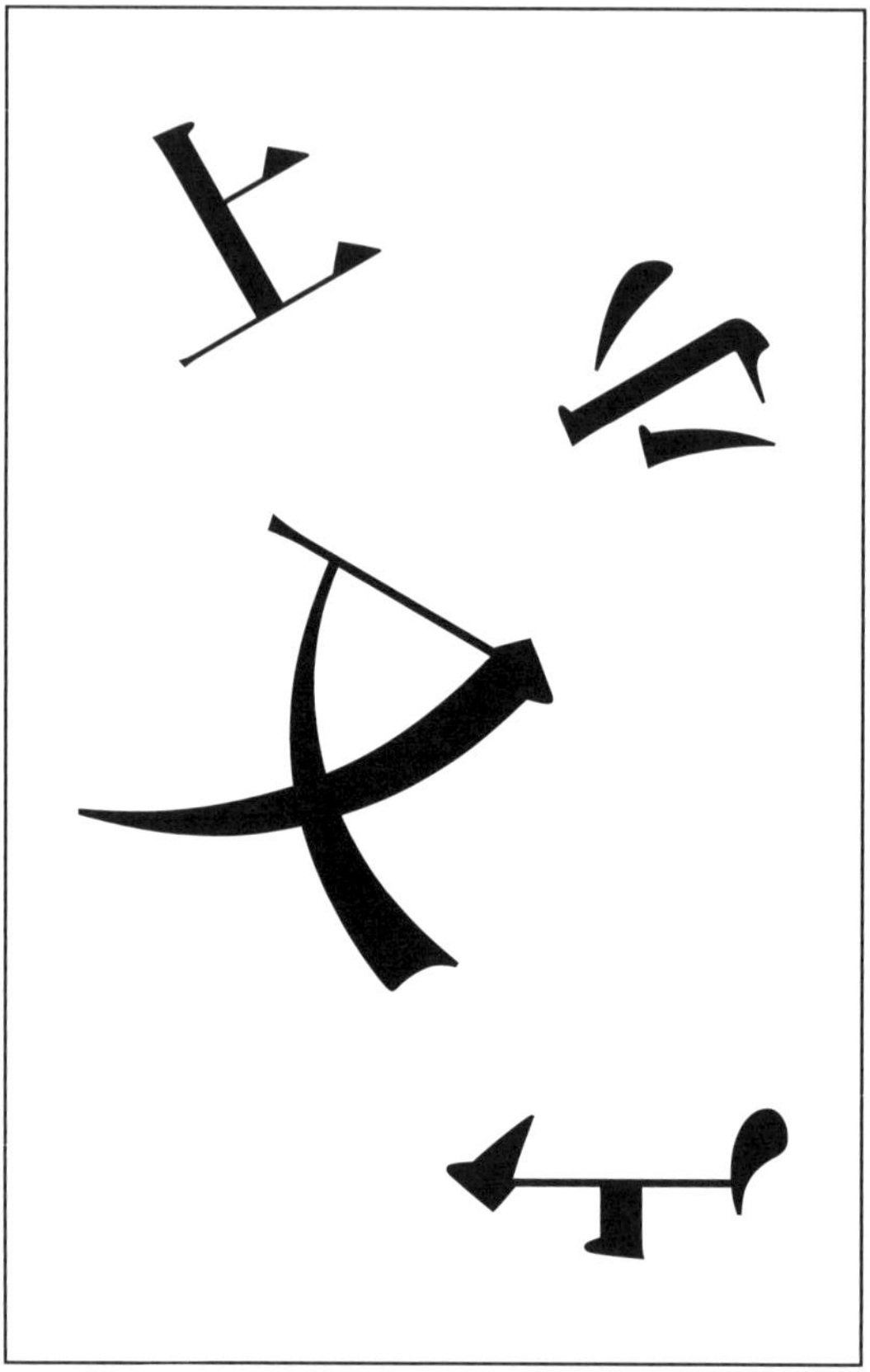

(答えはP.222)

問181の答え　延

組み立て漢字

問184

レベル 1

バラバラになった漢字（1文字）を当てましょう。

（制限時間：30秒）

(答えはP.223)

問182の答え　激

組み立て漢字

問185

レベル 1

バラバラになった漢字（1文字）を当てましょう。

（制限時間：30秒）

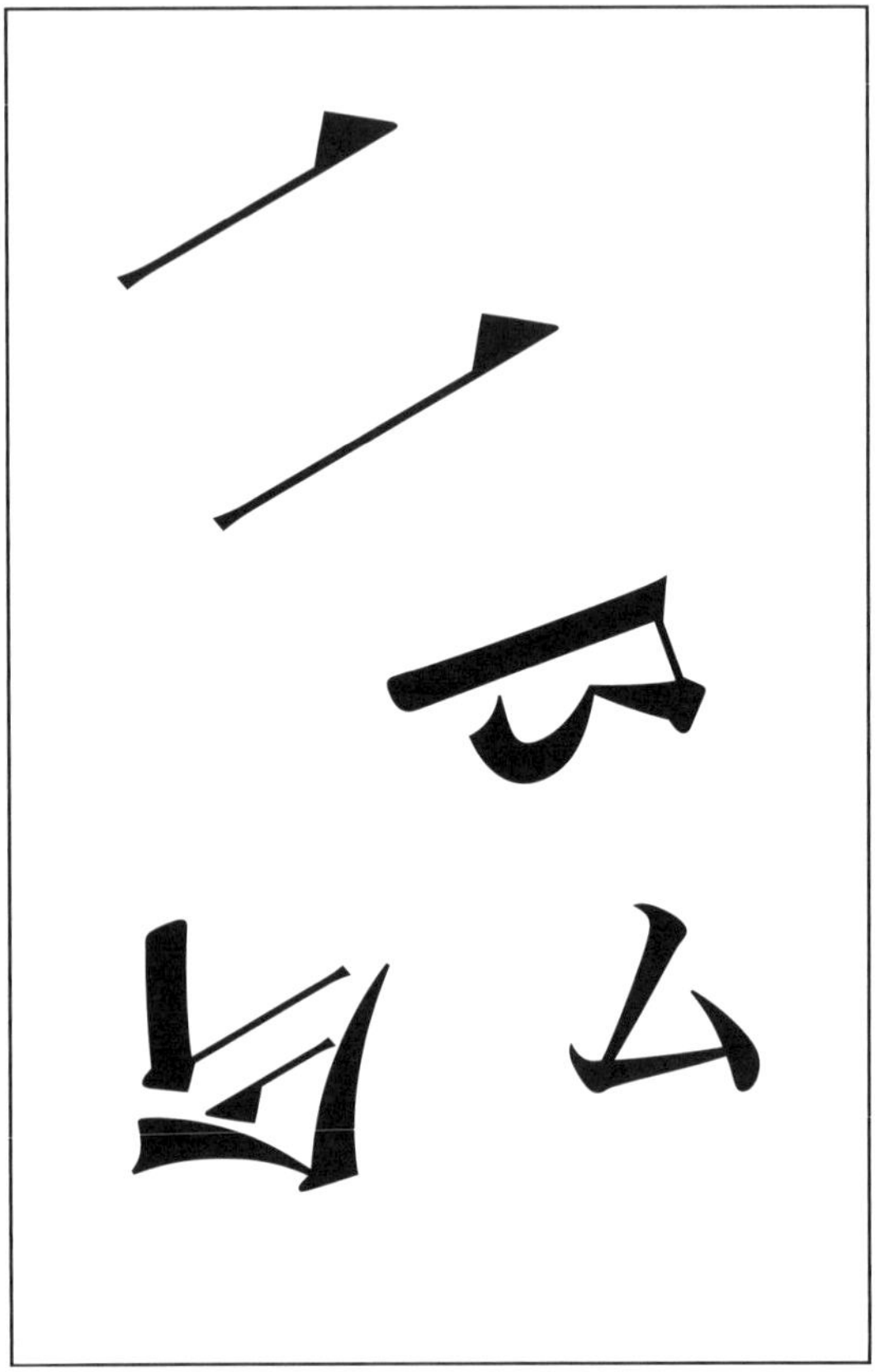

(答えはP.224)

問183の答え 寂

組み立て漢字

問186

レベル2

バラバラになった漢字（2文字）を当てましょう。

（制限時間：1分）

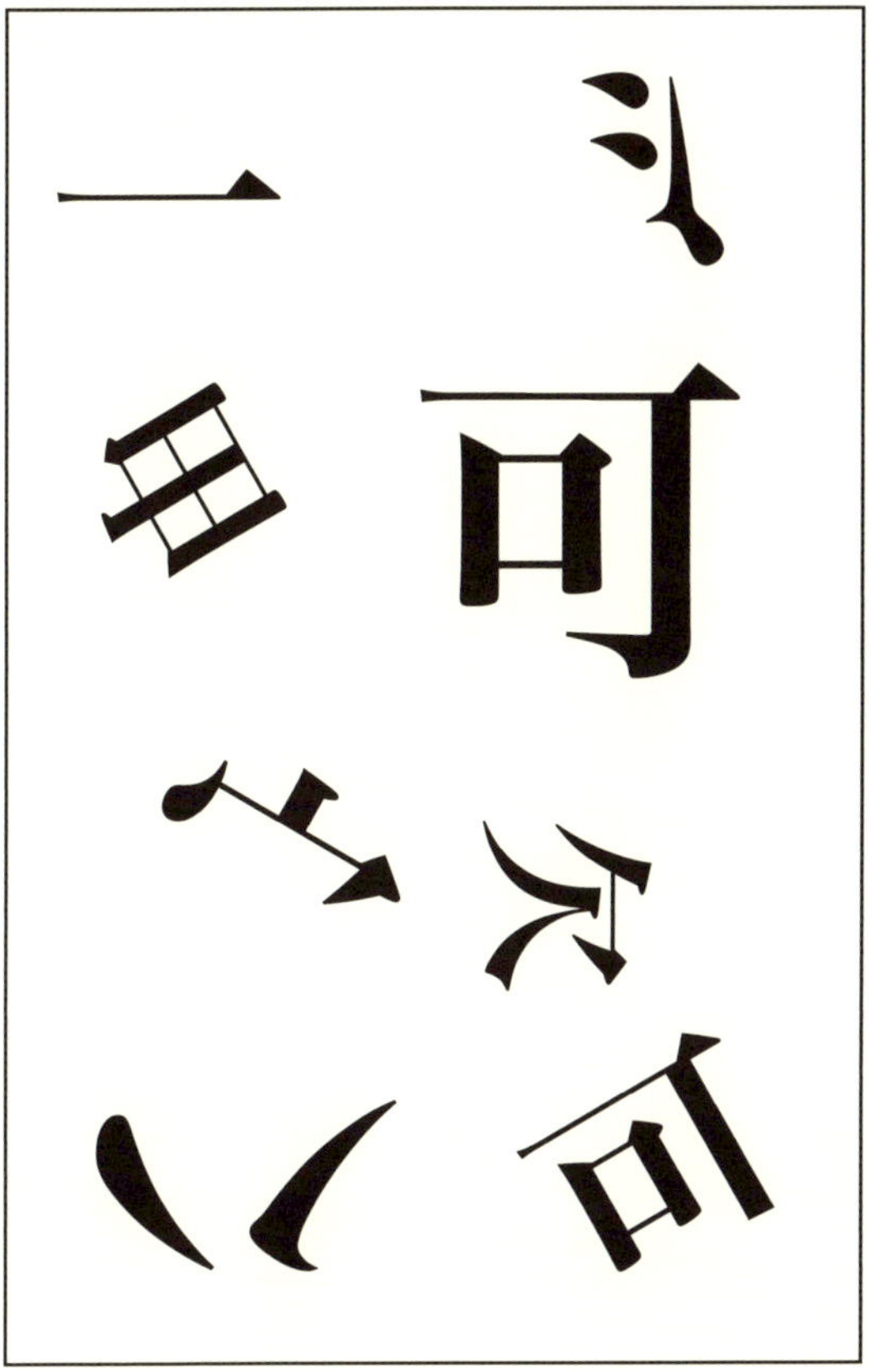

(答えはP.225)

問184の答え　痢

組み立て漢字

問187

レベル2

バラバラになった漢字（2文字）を当てましょう。

（制限時間：1分）

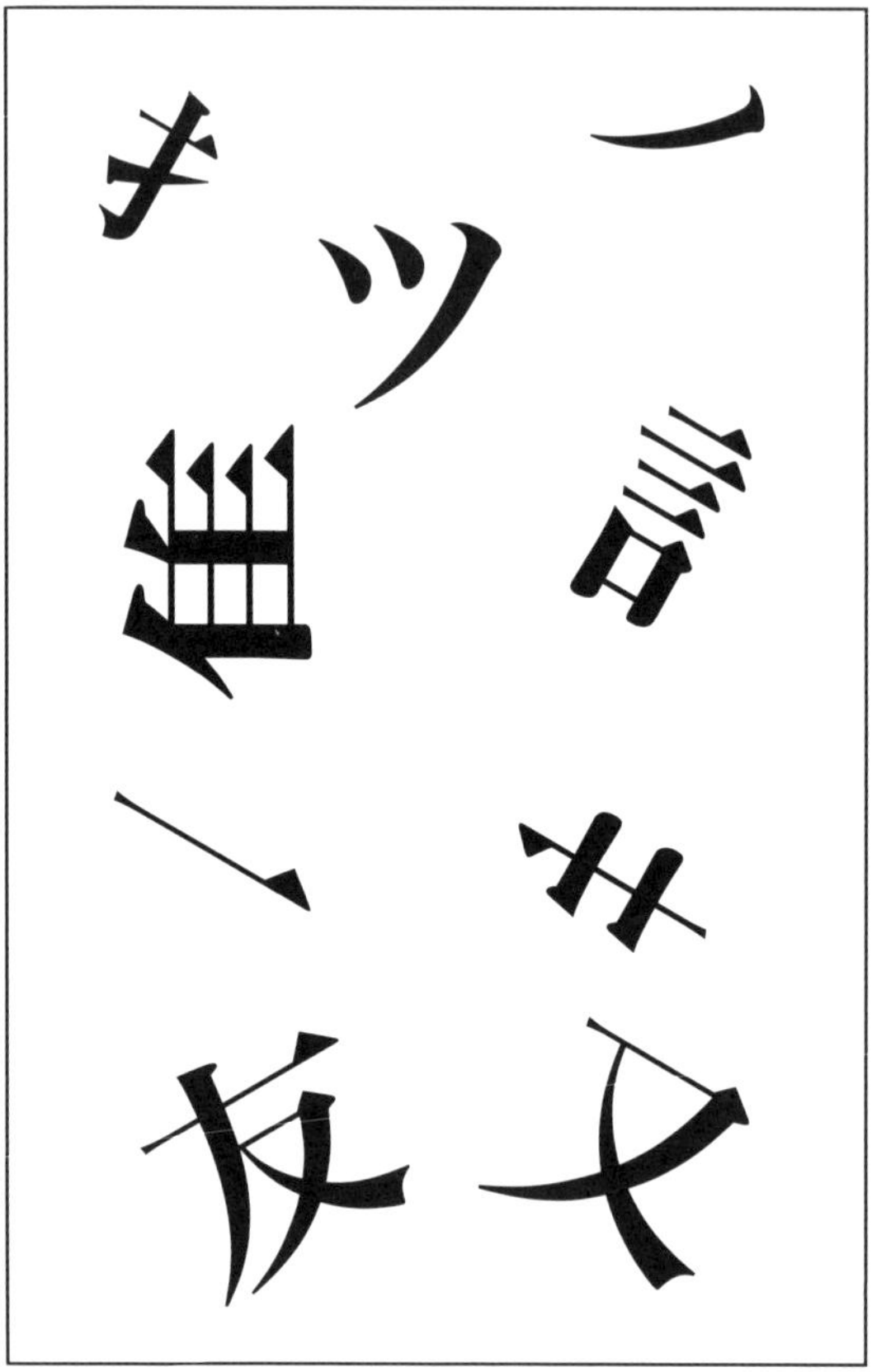

(答えはP.226)

問185の答え　陰

組み立て漢字

問188

レベル2

バラバラになった漢字（2文字）を当てましょう。

（制限時間：1分）

(答えはP.227)

問186の答え　演歌

組み立て漢字

問189

レベル2

バラバラになった漢字（2文字）を当てましょう。

（制限時間：1分）

(答えはP.228)

問187の答え　援護

組み立て漢字

問190

レベル2

バラバラになった漢字（2文字）を当てましょう。

（制限時間：1分）

(答えはP.229)

問188の答え　将棋

難しい本を声に出して読んでみよう

日頃、本や新聞などを読む人でも、内容の難しい本は敬遠しがちです。内容がわからなくて読む気にならない、難しい本を読むと頭が痛くなる（比喩的な意味で）といったことがあるかもしれません。

しかし、**難しい本を読むことは、ワーキングメモリやデュアルタスクのトレーニングになります**。ワーキングメモリとは脳の「**メモ機能**」のこと。記憶や情報を一時的に保持して（メモリ）作業する（ワーキング）脳の機能です。デュアルタスクとは、運動しながら計算するなど**2つのことを同時に処理する能力**で、これが脳を鍛えるのにたいへん有効です。

難しい本を読もうとすると、知らない言葉がでてきたり、文脈をつかむことができなかったりして苦労します。この苦労が、脳の活性化に役に立つというわけです。さらに、ときにはその難しい本を音読してみましょう。**音読することで、より脳は活性化されます**。

問189の答え 観覧

間違い漢字探し

問191

レベル1

一つだけ裏返っている漢字があります。見つけましょう。

（制限時間：30秒）

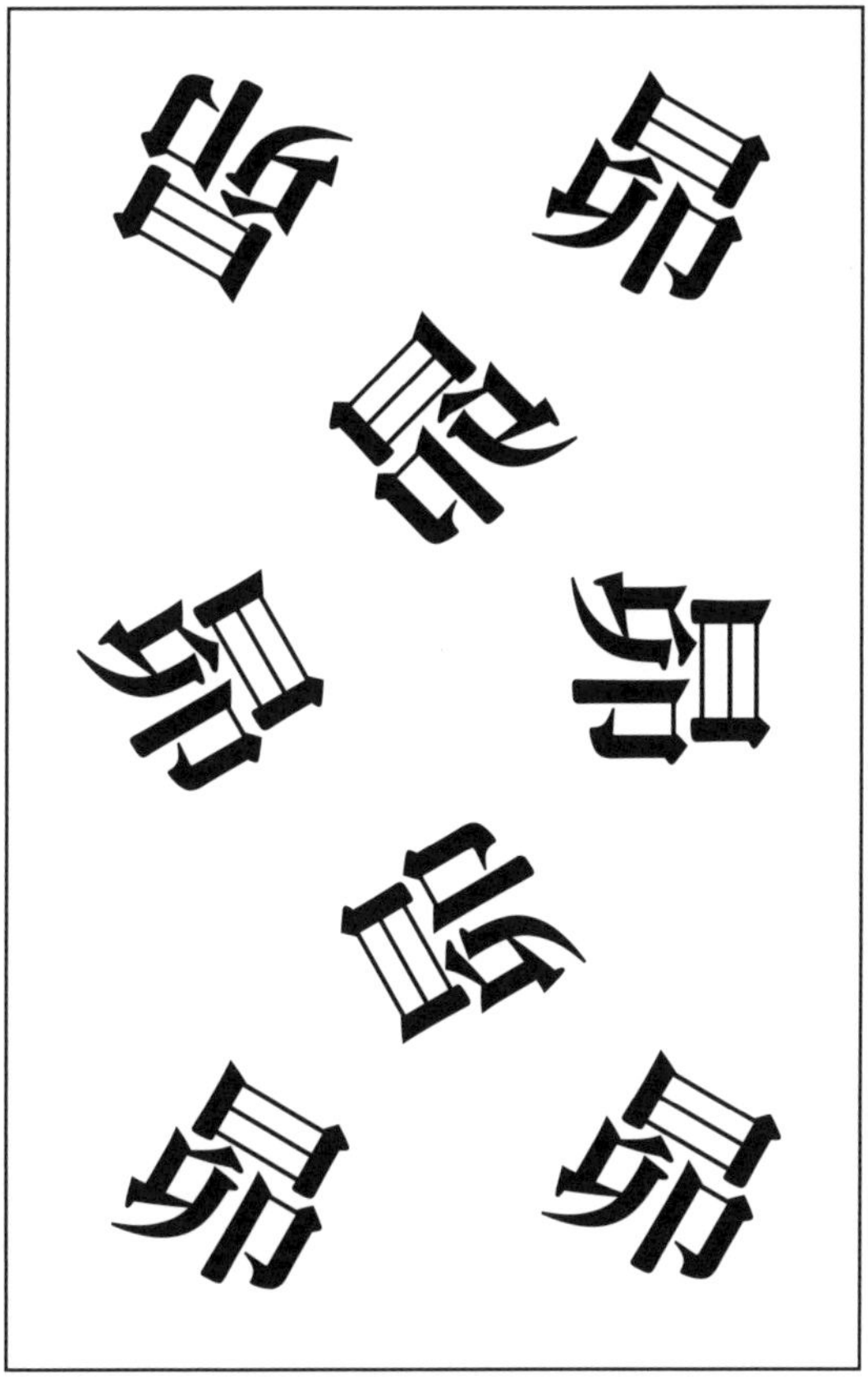

(答えはP.230)

問190の答え　猛獣

問191
の答え

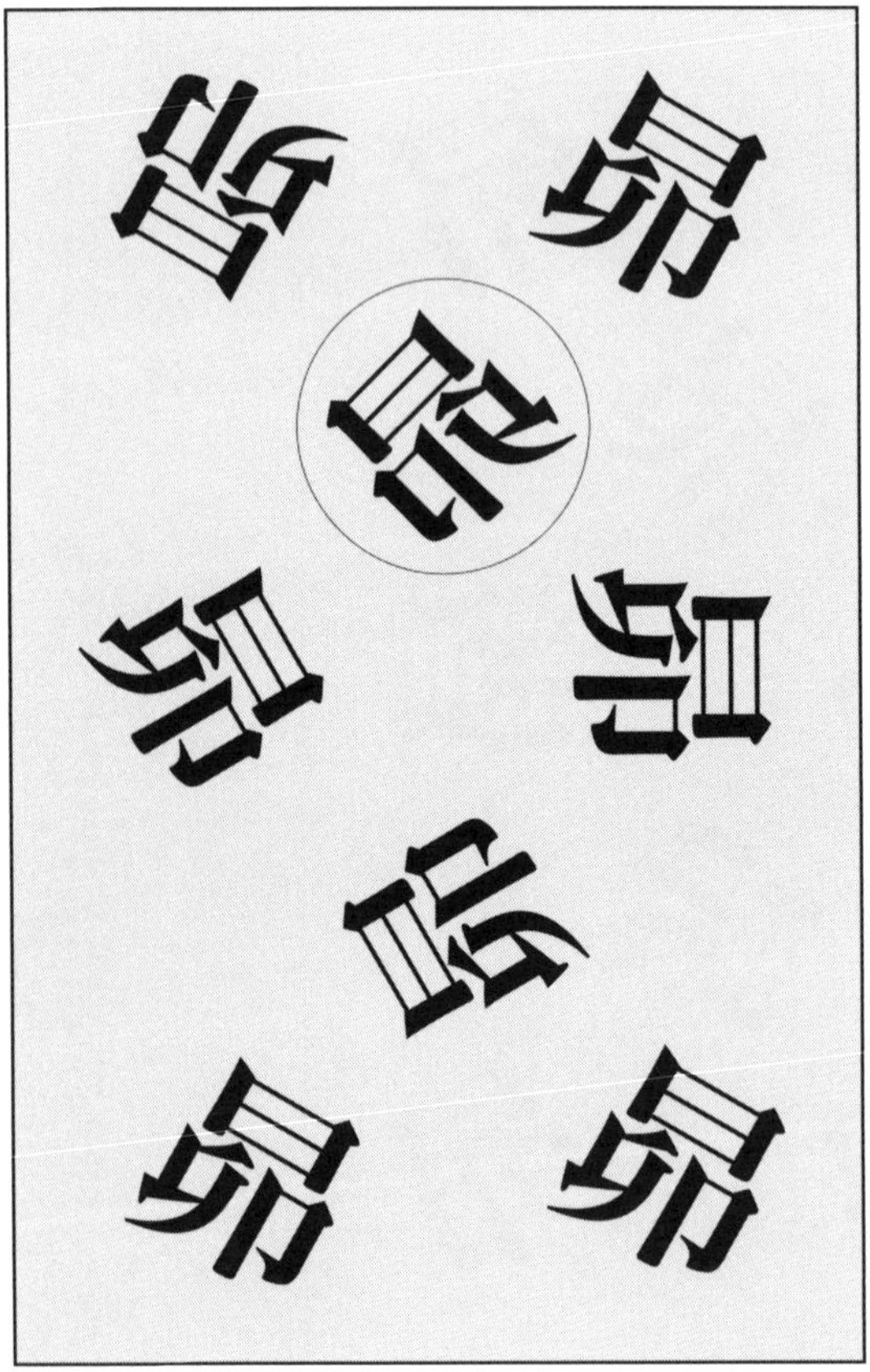

間違い漢字探し

問192

レベル 1

一つだけ裏返っている漢字があります。見つけましょう。
（制限時間：30秒）

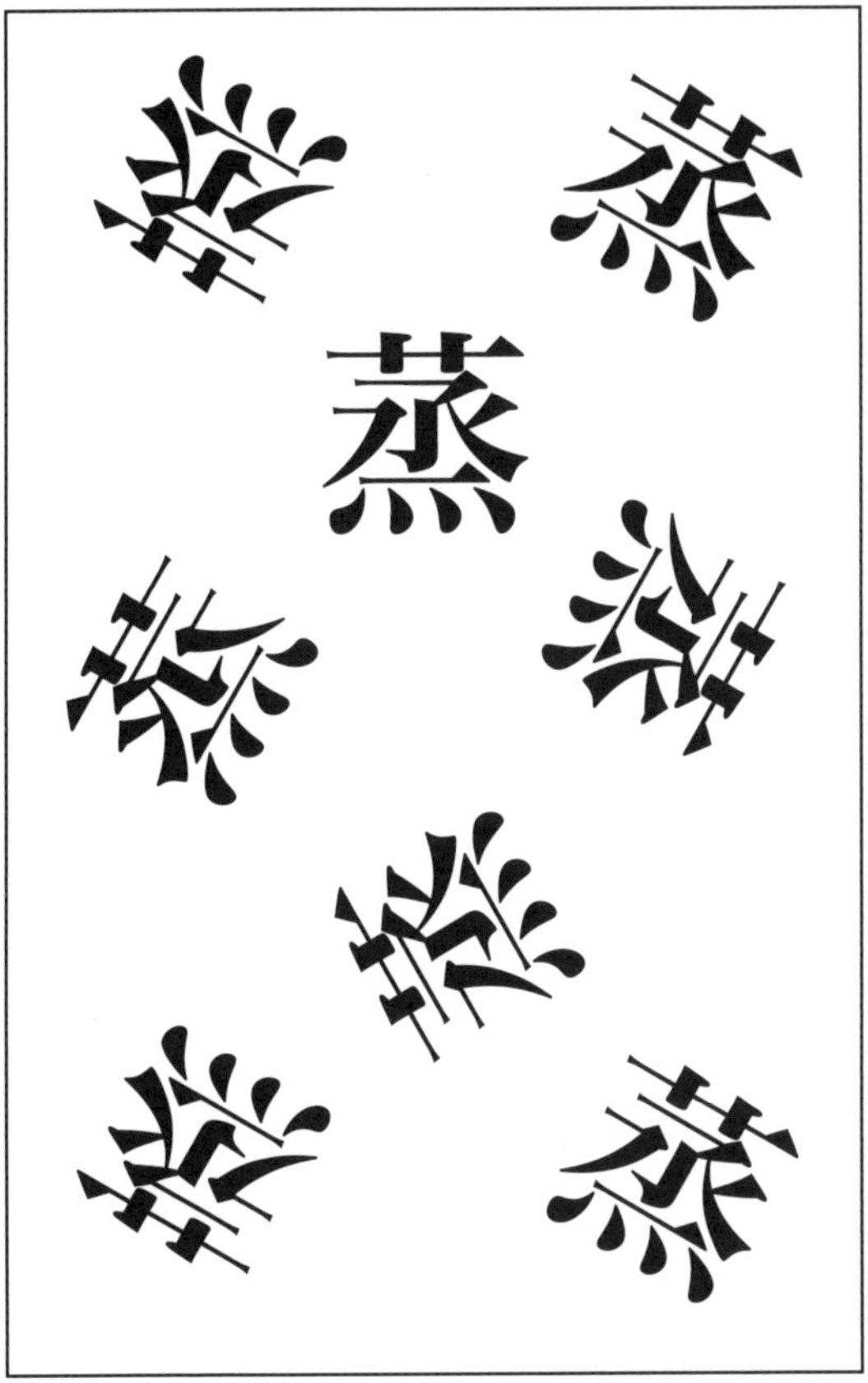

(答えはP.232)

問192
の答え

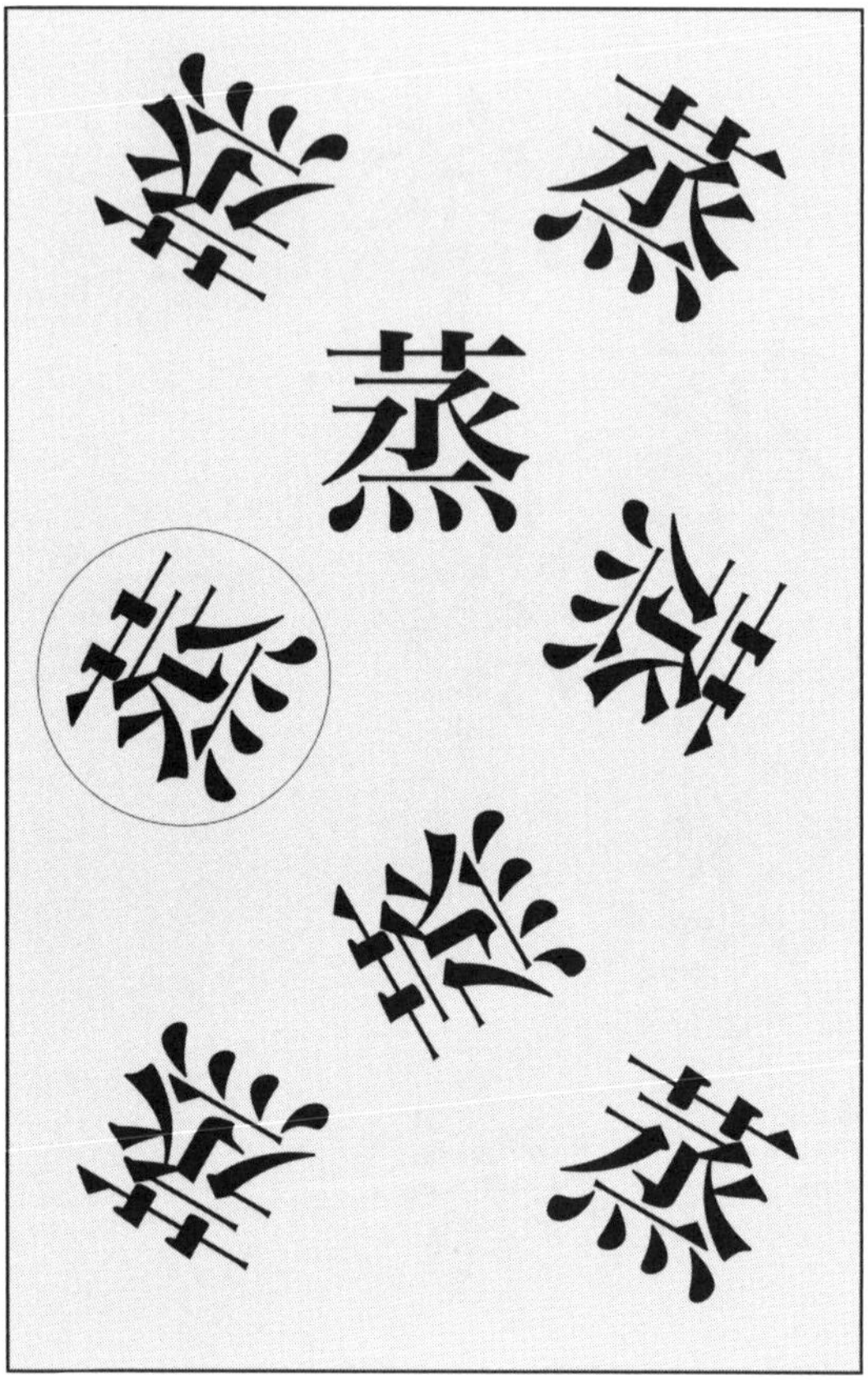

間違い漢字探し 問193

レベル 2

一つだけ裏返っている漢字があります。見つけましょう。

（制限時間：1分）

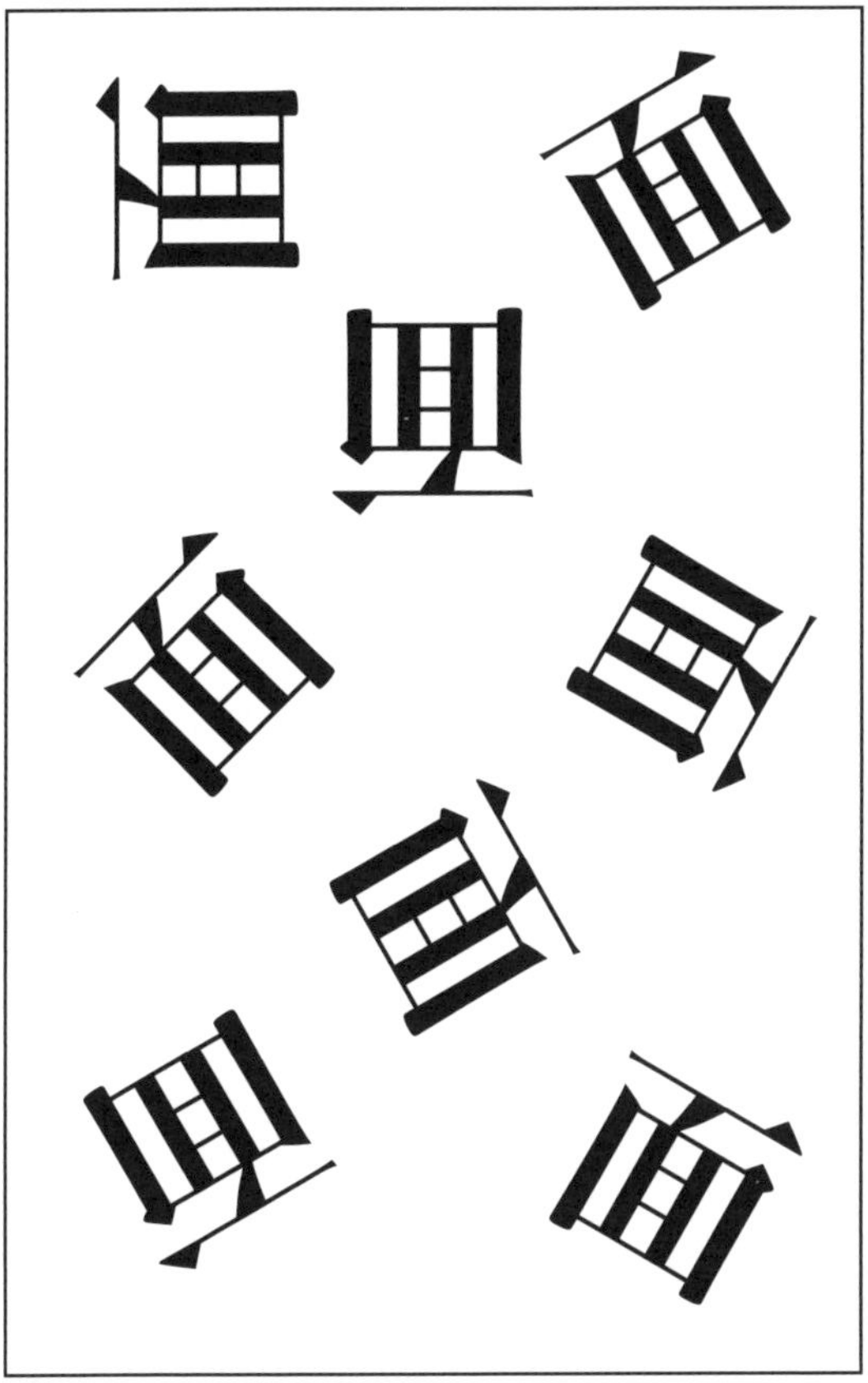

(答えはP.234)

問193
の答え

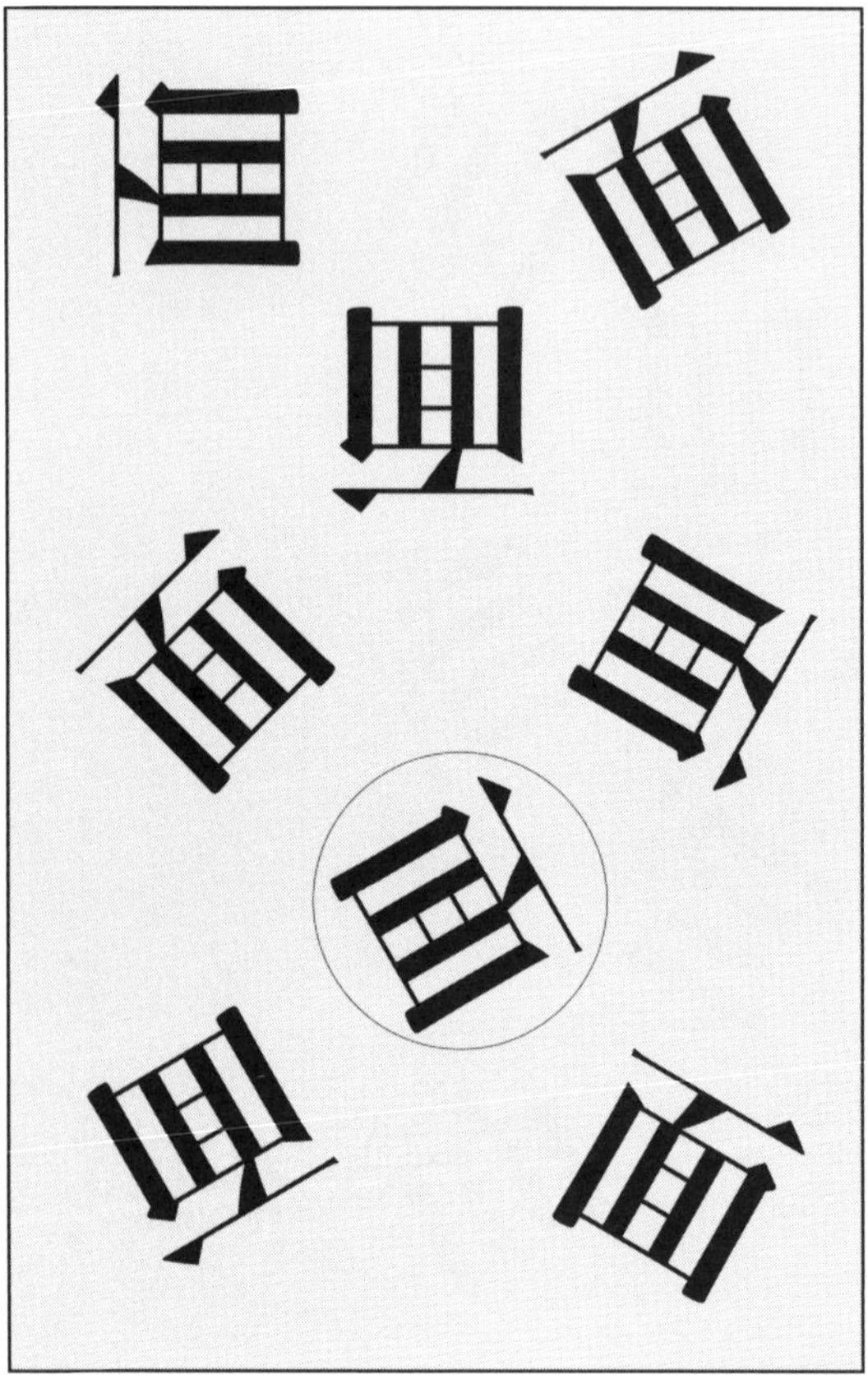

コラム

睡眠と記憶の関係

記憶は睡眠中、とくにノンレム睡眠と呼ばれる深い眠りの間に定着することがわかっています。試験前など勉強せずに眠ってしまったとき、言い訳として冗談のように「睡眠学習法なんだ」などと言う人がいますが、**きちんと学習してから十分に睡眠をとることが記憶の定着につながることは確かです。**

脳は、寝ている間に脳細胞同士の無駄なつながりを整理・除去したり、脳の活動に必要な脳内物質の再合成を行ったりするため、睡眠時間を削ってまでやっきになって勉強するのは、かえって記憶の定着を邪魔していることになってしまいます。

また、いわゆる「ひらめき」が必要な場合も、睡眠が重要な役割を担います。仕事でいくら考えてもよいアイデアが出てこないときや、パズルを解きたいのになかなかピンと来ないときは、諦めてさっさと眠ってください。目覚めたら、思わぬ「ひらめき」が待っているかもしれません。

スポット漢字

問194

レベル1

穴から見える漢字を当てましょう。
（制限時間：30秒）

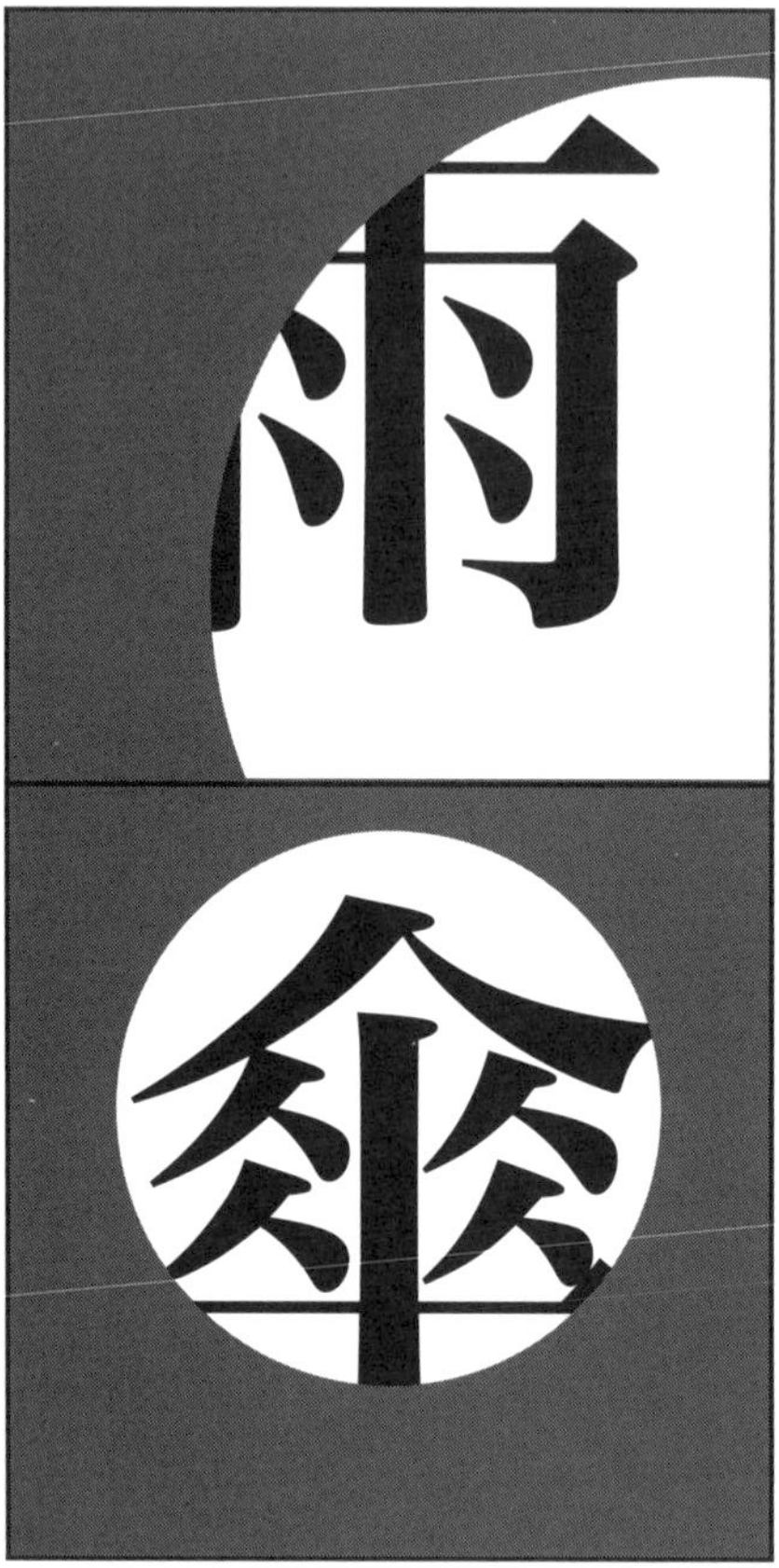

(答えはP.238)

スポット漢字

問195

レベル 1

穴から見える漢字を当てましょう。
（制限時間：30秒）

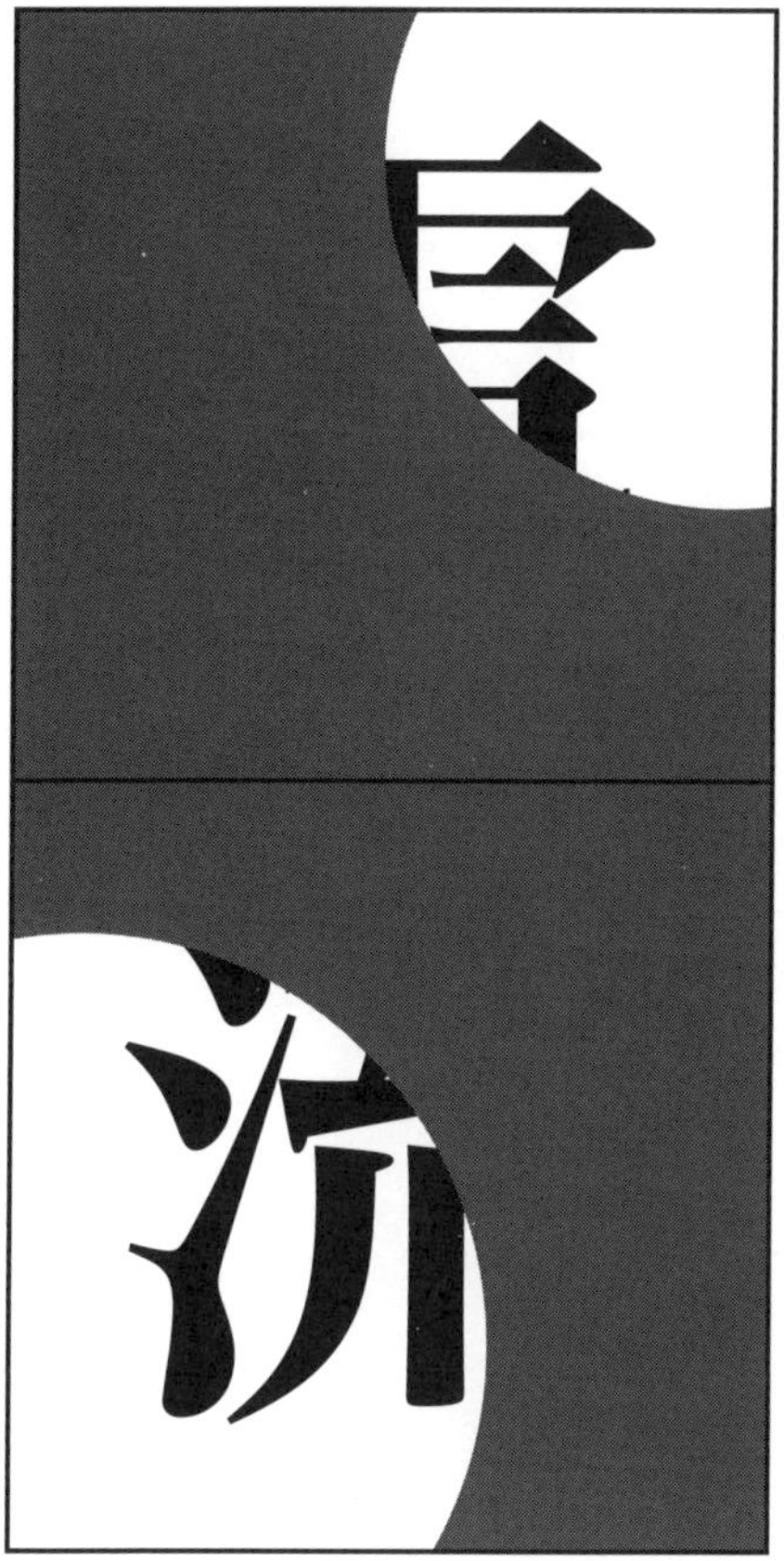

(答えはP.239)

スポット漢字
問196
レベル 1

穴から見える漢字を当てましょう。

（制限時間：30秒）

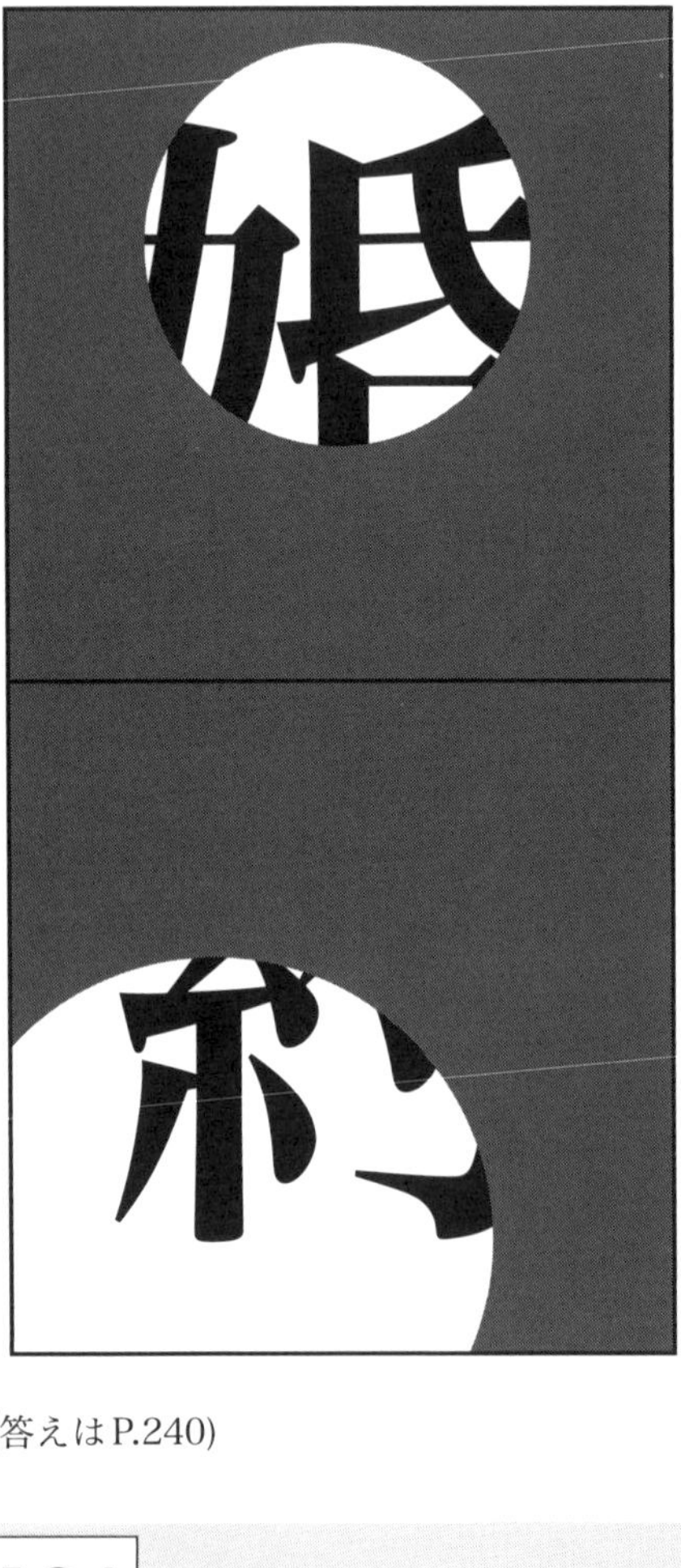

(答えはP.240)

問194の答え 雨傘

スポット漢字

問197

レベル 1

穴から見える漢字を当てましょう。

（制限時間：30秒）

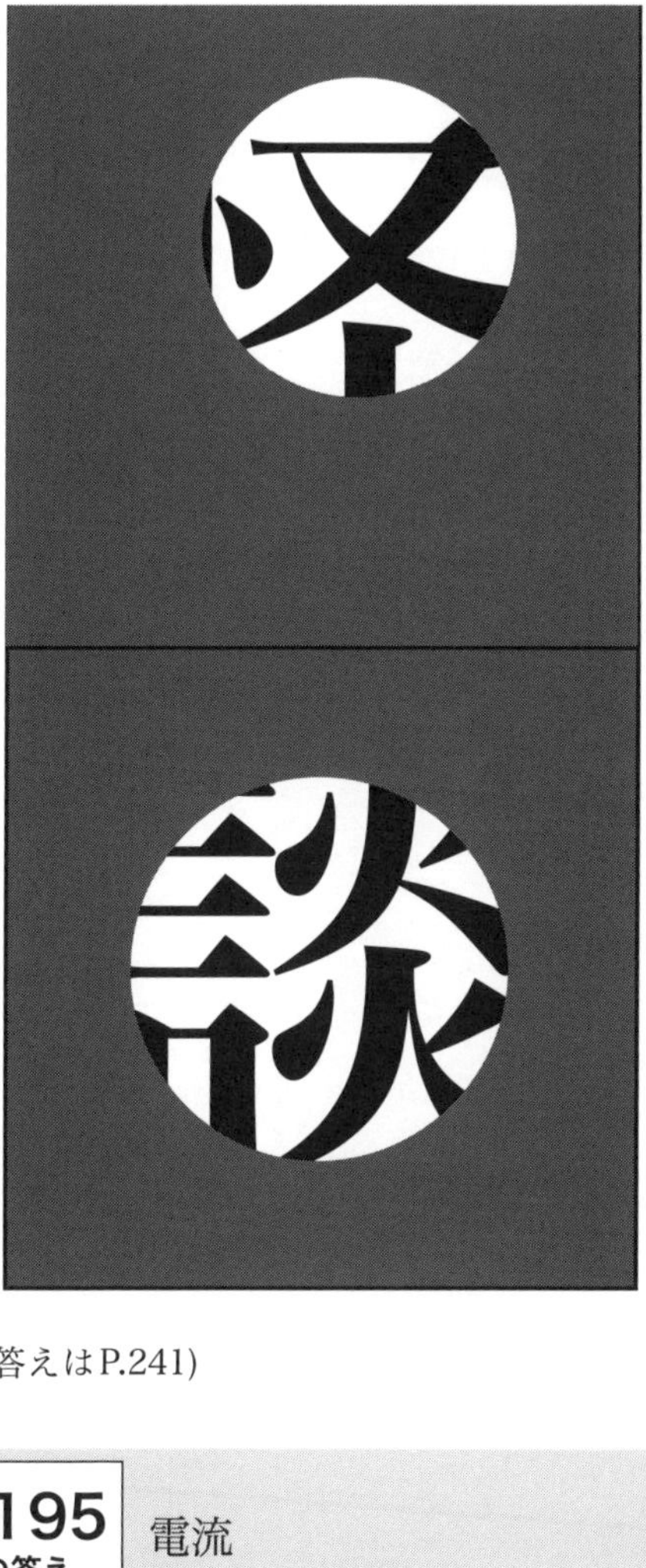

(答えはP.241)

問195の答え　電流

スポット漢字

問198

レベル1

穴から見える漢字を当てましょう。
（制限時間：30秒）

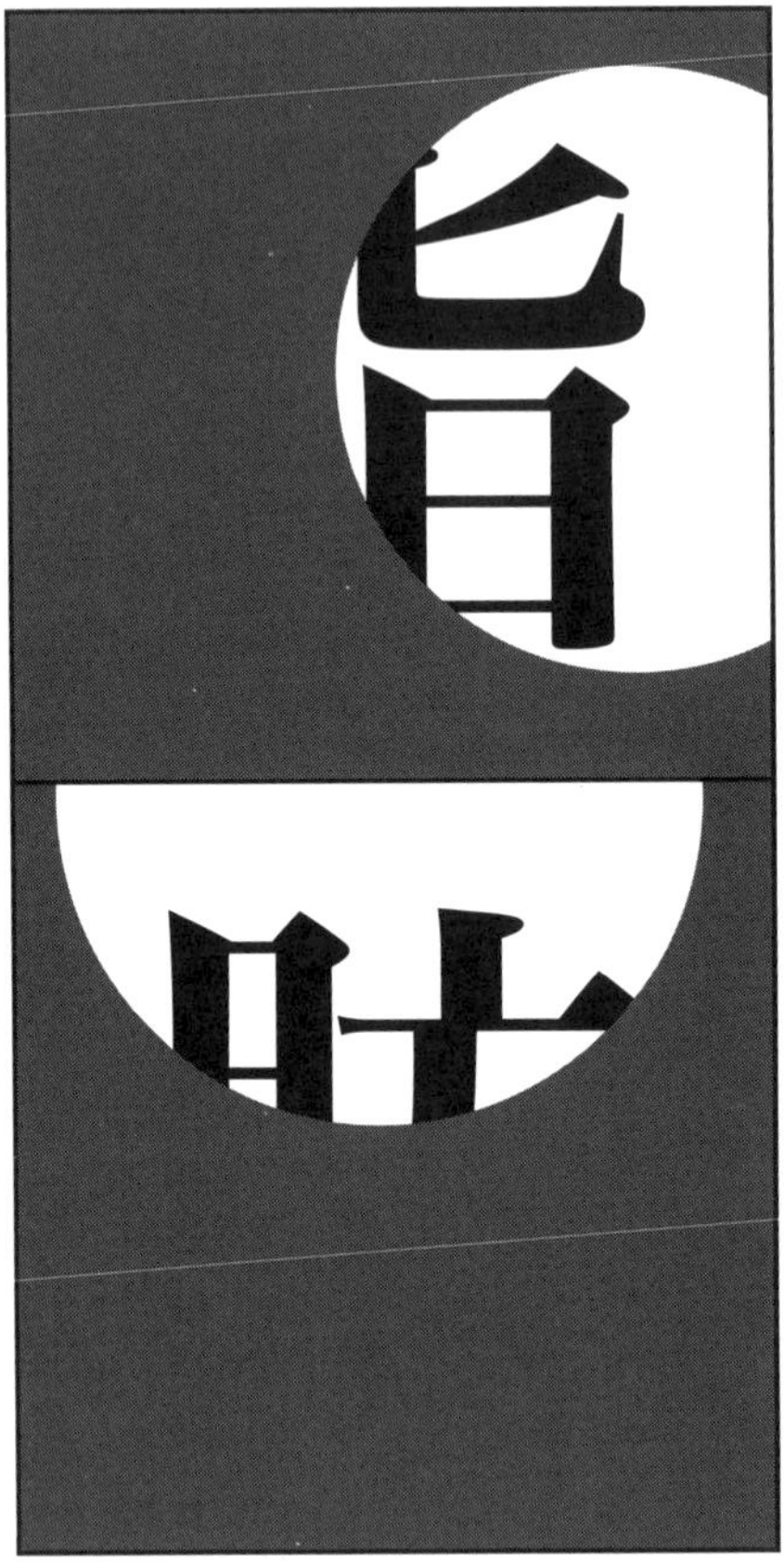

(答えはP.242)

問196の答え　婚約

スポット漢字

問199

レベル1

穴から見える漢字を当てましょう。

（制限時間：30秒）

（答えはP.243）

問197の答え

怪談

スポット漢字
問200
レベル 1

穴から見える漢字を当てましょう。
（制限時間：30秒）

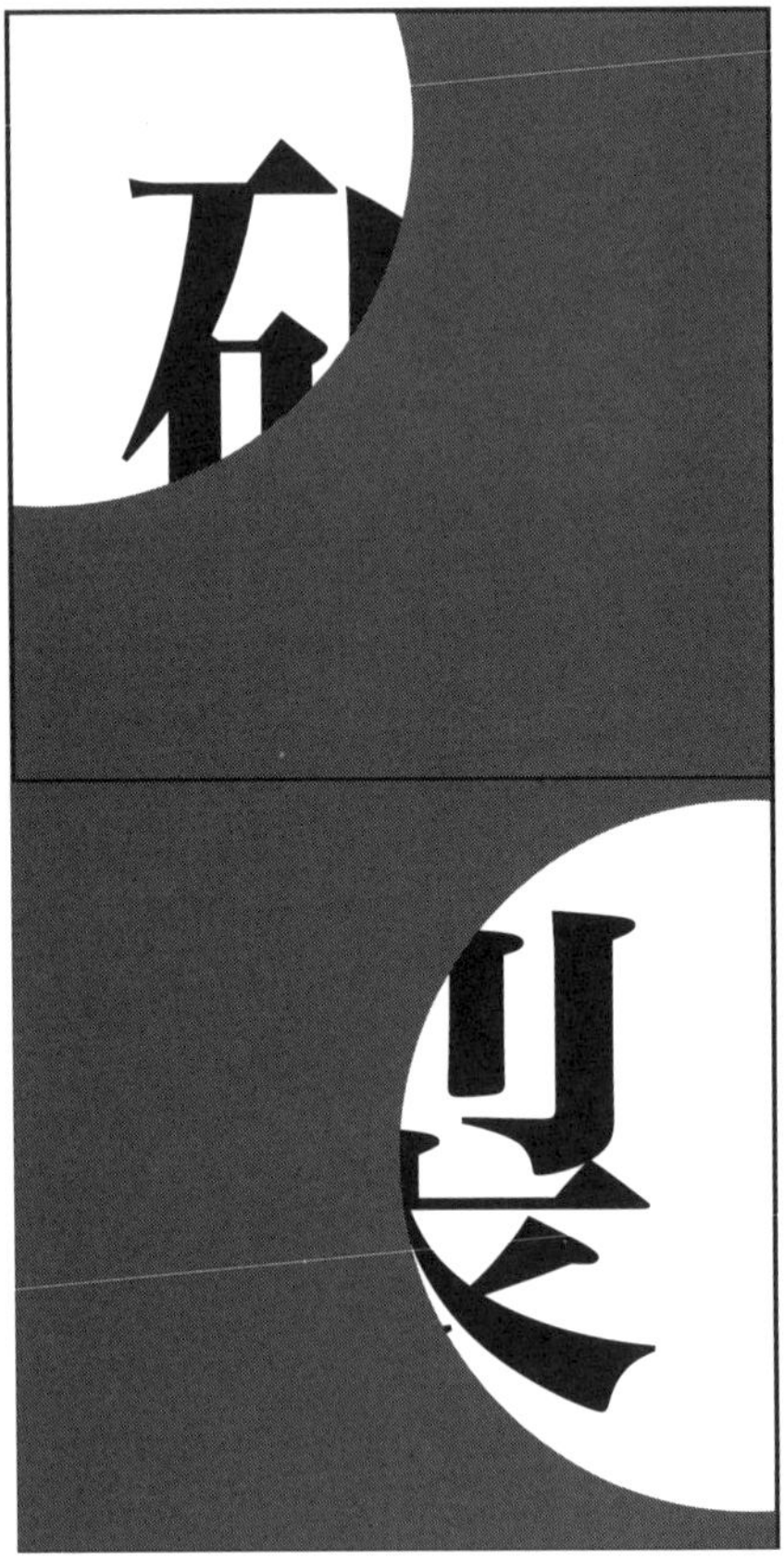

(答えはP.244)

問198
の答え
脂肪

スポット漢字

問201

レベル2

穴から見える漢字を当てましょう。並べかえて熟語を作ってください。（制限時間：1分）

(答えはP.245)

問199の答え 彫刻

スポット漢字
問202
レベル2

穴から見える漢字を当てましょう。並べかえて熟語を作ってください。（制限時間：1分）

(答えはP.246)

問200の答え　破裂

四字熟語記憶

問203

レベル 1

マス目に4つ四字熟語が隠れています。よく見て覚えてください。1分後に次のページに進んでください。

(制限時間：1分)

青	息	吐	医
反	師	息	食
面	教	秋	同
一	日	千	源

問201の答え　有機野菜

問203

空いたマスに前のページと同じ漢字を入れましょう。

青			医
反			
		秋	
一			

＊解答は前ページを確認してください。

問202の答え　紫綬褒章

四字熟語記憶

問204

レベル 1

マス目に4つ四字熟語が隠れています。よく見て覚えてください。1分後に次のページに進んでください。

（制限時間：1分）

私	多	情	過
利	恨	多	大
私	欲	価	評
王	道	楽	土

問204

空いたマスに前のページと同じ漢字を入れましょう。

私	多		過
		価	
王			

＊解答は前ページを確認してください。

四字熟語記憶 問205

レベル 1

マス目に4つ四字熟語が隠れています。よく見て覚えてください。1分後に次のページに進んでください。

（制限時間：1分）

耳	東	風	得
馬	敵	無	意
転	二	下	満
三	転	天	面

問205

空いたマスに前のページと同じ漢字を入れましょう。

			得
馬		無	
	二		
		天	

＊解答は前ページを確認してください。

四字熟語記憶

問206

レベル2

マス目に4つ四字熟語が隠れています。よく見て覚えてください。1分後に次のページに進んでください。

（制限時間：1分）

用	西	奔	東
無	走	自	給
地	雑	詈	自
天	言	罵	足

問206

空いたマスに前のページと同じ漢字を入れましょう。

			東
	走		
地	雑	詈	
			足

*解答は前ページを確認してください。

四字熟語記憶

問207

レベル2

マス目に4つ四字熟語が隠れています。よく見て覚えてください。1分後に次のページに進んでください。

（制限時間：1分）

到	周	意	用
尊	瀾	万	丈
独	波	放	味
我	唯	蕩	三

問207

空いたマスに前のページと同じ漢字を入れましょう。

	周		
	瀾		
独	波		
		蕩	三

＊解答は前ページを確認してください。

コラム

9時間以内の記憶を保つには

年を追うごとに、子どもの頃のことなどは鮮明に思い出せるのに、最近覚えたはずのことはなかなか思い出せないといった症状が出てきます。記憶にはいろんな分類法がありますが、**短期記憶**（数分前の記憶）、**中期記憶**（数分～1か月前の記憶）、**長期記憶**（1か月～数十年前の記憶）に分けることもあります。この例で言えば、子どもの頃の記憶は長期記憶として定着していますが、最近の記憶はせいぜい中期記憶でまだ定着していないということになります。

では、この中期記憶を長期化するにはどうしたらよいのでしょうか？　179ページで述べたように、情報の「入出力」をしないとたいていの記憶は定着しません。訓練の方法としては、**就寝前に、今日の出来事から記憶に定着させたい3～4つの出来事を選んで思い出す**ことです。毎晩、チャレンジしてみてください。そして、その出来事を3日後、1週間後、1か月後……に思い出してみてください。このように繰り返し出し入れすることで、記憶に確実に定着していきます。

本書に関する質問は、①書名、②発行年月日、の二つを明記のうえ、次の質問係まで、郵便または電子メールにてお願いいいたします。電話によるお問い合わせ、また本書の範囲を超えるご質問等にはお答えできません。あらかじめご了承ください。

＜読者質問係＞〒101－0044 東京都千代田区鍛冶町2-7-3稲垣ビル７階
有限会社パケット『脳がどんどん若返る漢字テスト』質問係
電子メール　shitsumon@paquet.jp

脳《のう》がどんどん若返《わかがえ》る漢字《かんじ》テスト

監修　篠原菊紀《しのはらきくのり》

発行　株式会社二見書房
東京都千代田区三崎町 2-18-11
電話　03（3515）2311［営業］
03（3515）2313［編集］
振替　00170-4-2639

印刷　株式会社堀内印刷所

製本　ナショナル製本協同組合

落丁・乱丁がありました場合は、おとりかえします。
定価はカバーに表示してあります。
Printed in Japan
ISBN978-4-576-16033-7
http://www.futami.co.jp